A. Metzger

Mollusca

A. Metzger

Mollusca

ISBN/EAN: 9783744648608

Hergestellt in Europa, USA, Kanada, Australien, Japan

Cover: Foto ©Andreas Hilbeck / pixelio.de

Weitere Bücher finden Sie auf **www.hansebooks.com**

VIII. MOLLUSCA.

Inhalt.

I. Systematisches Verzeichniss nebst Angabe des Vorkommens nach Tiefe und Bodenbeschaffenheit, sowie der geographischen Verbreitung, bearbeitet von Professor A. METZGER.
II. Beschreibung der neuen Arten und Bemerkungen über einzelne Mollusken des vorstehenden Verzeichnisses, bearbeitet von Professor W. DUNKER und Professor A. METZGER.
III. Die Molluskenfauna der Nordsee diesseits und jenseits der Doggerbank, bearbeitet von Professor A. METZGER.
(Hierzu Tafel VI.)
IV. Die Gymnobranchien, bearbeitet von Dr. H. A. MEYER.

I. Systematisches Verzeichniss nebst Angabe des Vorkommens nach Tiefe und Bodenbeschaffenheit, sowie der geographischen Verbreitung.

Vorbemerkung. In allen Fällen, wo nicht das Gegentheil ausdrücklich bemerkt ist, beziehen sich die Angaben in den Columnen, Tiefe und Bodenbeschaffenheit, auf das lebende Thier. Für leere und abgerollte Schaalen, insofern sie nicht als fossil zu betrachten sind, haben solche Angaben nur ein sehr untergeordnetes Interesse. Alle nur todt und mehr oder weniger defect aufgefundene Arten sind daher, einige Ausnahmen von besonderem Interesse abgerechnet, nicht mit in das Verzeichniss aufgenommen; sie finden ihre Erwähnung im zweiten Capitel, das von Professor DUNKER und mir gemeinsam bearbeitet ist.

Zur Bestimmung des gesammelten Materials habe ich vorzugsweise JEFFREY's British Conchology benutzt. Die Beziehung auf dieses ausgezeichnete Werk lässt daher überall, wo ich mit der darin angenommenen Nomenclatur in Uebereinstimmung bin, den üblichen Literaturnachweis als überflüssig erscheinen.

Zu den Angaben über die geographische Verbreitung sind vorzugsweise folgende Schriften benutzt.

LOVÉN, Index molluscorum litora Scandinaviae occidentalia habitantium. Holmiae 1846.
M. SARS, Bidrag til en Skildring af den arctiske Molluskfauna ved Norges nordlige Kyster. Christiania Vid.-Selsk, Forhandl. Aar 1858.
M. SARS, Om de i Norge forekommende fossile Dyrelevninger fra Quartaerperioden. Christiania 1865.
M. SARS, Bidrag II til Kundskab om Christianiafjordens Fauna, udgivet af G. O. SARS. Christiania 1870.
G. O. SARS, Undersögelser over Hardangerfjordens Fauna, Christiania Vid.-Selsk. Forhandl. Aar 1871.
G. O. SARS, Bidrag om Dyrlivet paa vore Havbanker, Vid.-Selsk. Forhandl. Aar 1872.
MÖRCH, Synopsis molluscorum marinorum Daniae, Videnskabelige Meddelelser for Aaret 1871 No. 11—14.
MEYER und MÖBIUS, Fauna der Kieler Bucht 1865/1872.
Bericht über die Pommerania-Expedition zur Untersuchung der Ostsee. Berlin 1873.
JEFFREYS, British Conchology. 1862/69.
JEFFREYS, Norwegian Mollusca, Annals and Magazine for Nat. History for June 1870. Hieraus die Angaben unter der Bezeichnung »Porcupine«. Die 3 Porcupine-Fahrten vom Jahre 1869 begreifen das nordatlantische Gebiet zwischen Faröer, Shetland und Hebriden, sowie zwischen Rockall, Irland und SW von Irland (62° bis 59½° N B und 0° bis 9° W L. Greenw., dann 58° bis 47°30' N B und 10 bis 15° W L). Einzelne die Spanische Küste und das Mittelmeer betreffende Angaben sind dem Werke von WYVILLE THOMSON entnommen: The depths of the sea, 1873.
JEFFREYS, Last Report on dredging among the Shetland isles (from the Report of the Brit. Assoc. for the Advancem. of Science for 1868).
MENNELL, Report on the Mollusca of the Dredging Expedition to the Dogger Bank and the Coasts of Northumberland in Transactions of the Tyneside Naturalists' Field Club, Vol. V, Part. IV, 1869.
ALDER, Report on the Mollusca in Reports of Deep Sea Dredging on the Coasts of Northumberland and Durham 1862/64. Edited by G. S. BRADY. Nat. History Transactions of Northumberland and Durham. Vol. I. Part. I. 1865.
CAILLIAUD, Catalogue des Radiaires, des Annélides, des Cirrhipèdes et des Mollusques marins etc. recueillis dans le Departement de la Loire-Inférieure 1865.
FISCHER, Faune conchyliologique marine du Departement de la Gironde et des côtes du Sud-Ouest de la France. 1865. (Actes de la Soc. Linnéenne de Bordeaux.) Supplément I 1869, Supplément II 1874.
WEINKAUFF, Catalog der im europäischen Faunengebiet lebenden Meeres-Conchylien 1873.

Brachiopoda.

Artname und Litteratur.	Bedenk-lichkeits Nr.	Fundort.	Tiefe in Faden.	Grund.	Geograph. Verbreitung.
Crania anomala MÜLLER. (Patella.) Pat. distorta MONTAGU. Crania ringens HOENINGHAUS. Anomia turbinata POLI.		61 Glaesvaer. 44 Hougesund. 40 Hougesund Scharen. 26 Cleven und Mandal, Scharen. Helgoland: Nordhafen (DUNKER), Nathurn (von MARTENS).	5—30 106 5—20 0—35 6—7	Steinig. Steinig und felsig. Steinig und felsig. Steinig; auf Auster- und Anomiaschaalen.	Spitzbergen (WOODWARD), Von Finnmarken 30—50 F. (SARS) bis Gothenburg 23 F. (MALM) u. Kullen. I. u. II. (EBG.) Shetland, Porcupine-Exp. 30—200 F. Fosse de Cap Breton (LANDS) 45—90 F. (FISCHER.) Lusitan. Mediterran.
Rhynchonella psittacea GMELIN. (Anomia.) Einige wahrscheinlich fossile, doch frisch aussehende Schaalen-bruchstücke, zugleich mit Astarte elliptica und Lacuna crassior.		113 Tiefe Rinne. SO von Yarmouth.	23	Sand und Schill.	Lebend nur in der arktischen Region beider Hemisphären. An der Norweg. Küste süd-lich bis Tromsö. Fossil. Postglacial, Norweg. — Nor-wiste Cray u. Glacial beds, Brittanien.
Terebratulina caput serpen-tis L. (Anomia.) T. septentrionalis COUTH. hat eine etwas feinere Sculptur und etwas abweichendes Foramen, ist aber sonst nicht wesentlich ver-schieden. Terebratula chrysalis der Kreide ist wohl auch kaum zu trennen. (DUNKER.)		61 Glaesvaer (var. septentrionalis). 44 Hougesund. 40 Desgl. Schären. 31 Vor Jäderen. 25 Vor Arendal. 26 Scharen bei Cleven und Arendal.	bis 50 106 5—20 106 60 5—35	Steinig. Steinig. Schlick mit Grand; an Modiola phaseolina. Steinig und felsig.	An d. scandinavischen Küste von Finnmarken bis Kullen in 5—300 F. - Shetland. Porcupine 30—632 F. Cap Breton 45—70 F. Lusitan. Mediterran.
Waldheimia cranium MÜLL. (Terebratula.)		63 Korsfjord Ausgang. 31 Vor Jäderen.	135-217 106	Theils Schlick, theils kleine Steine. Schlick mit Grand.	An der scandinav. Küste von Vadsö bis Gothenburg in 10—200 F. N u. O Küste v. Shetland 50—90 F. — Porcupine 114—632 F. Cap Breton 45 F. Lusi-tanisch.

Lamellibranchia.

Ostrea edulis L. Siehe die Bemerkungen unter Capitel II.		137 Deutsche Bucht. 138 139 144 Desgleichen. 145 113 Norfolk Küste, Tiefe Rinne.	20 19-19½ 23	22 Sandiger Schlick oder schlickiger Sand. Sandiger Schlick mit oder ohne Schaalen. Sand und Schill.	An der scandinav. Küste von Nordland bis Süd von An-holt im Kattegat in 3—40 F. Shetland bis Kanalinseln o— 40 F. W. Frankreich. - Lusitanish. Mediterran.
Anomia ephippium L. var. squamula.		47 Bergen Hafen. 40 Hougesund, Schären. 83 SO von Peterhead. 97 W v. Doggerbank.	0 5 30 36	50 Steinig mit Schaalen-bruchstücken. 20 Steinig und felsig. Auf Fusus gracilis; Muschelschaalen, Sand und kleine Steine. Auf Fusus gracilis; fester Grund v. feinem Sand.	Von Finnmarken bis zum Sund in 0—90 F. Shetland, Northumberland. — Porcu-pine 10—557 F. W. Frank-reich. — Lusitan. Mediterran. - Pont'sch.
Anomia varr. aculeata et squamula.		Helgoland.	0	20 Steinig; an Auster- u. anderen Schaalen.	
Anomia patelliformis L.		40 Hougesund Scharen. Helgoland.	5—20 0—20	Steinig und felsig. Steinig.	Von den Lofoten bis zum Oresund in 0—50 F. Shet-land, Northumberland. — Porcupine 60—420 F. — Lusitan. Mediterran.
Pecten sinuosus GMELIN. (Ostrea.) Pecten distortus DA COSTA, Brit. Conch. p. 48. T. 10. f. 3. An den bei den letzten Fundorten s 3 1. Helgl. nur einzelne Schaalen.		56 Solsvig. 26 Mandal Scharen. 83 SO von Peterhead. Helgoland (DUNKER).	5 0 30 11	30 Steinig. 35 Steinig und felsig. Muschelschaalen mit Sand u. kl. Steinen. 20 Austerbank.	Vom nördlichen Theile des Trondhjems-Stiftes Islahus-län in 0—90 F. Shetland, Northumberl. ul. N von den Hebriden 530 F. - W. Frankreich.

Artname und Litteratur.	Beob- achtgs- No.	Fundort.	Tiefe in Faden.	Grund.	Geograph. Verbreitung.
Pecten varius L. (Ostrea.) Bei No. 111 mit der Varietät alba, die nicht gleich P. niveus MacGillivray; cfr. die Bemerkung in Capitel II. Bei Helgoland und an der Ostfries. Küste sind bis jetzt immer nur leere abgerollte Schalen gefunden.	26 108 111 113 115	Mandal und Cleven, Schären. Norfolk-Küste. Desgleichen. Desgl. Tiefe Rinne. Desgleichen.	0 - 35 12 16 23 23	Steinig. Sand. Kleine Steine. Sand und Schill. Schille, Schlickballen und Steine.	Von Christiansund bis Gilleleje (Sund) in 2–30 F. Northumberland. - W. Frankreich. – Lusitan, Mediterran.
Pecten islandicus MÜLLER. Bei Glaesvaer ein lebendes Exemplar von geringen Dimensionen, bei Sölsvig und Hougesund nur einzelne aber frische Schaalen. — An der Schottischen Küste No. 83 fossil u. von ansehnlicher Grösse.	61 56 44 83	Glaesvaer. Sölsvig. Hougesund. SO von Peterhead.	bis 50 5–30 106 30	Steinig. Steinig. Muschelschaalen mit Sand u. kl. Steinen.	Spitzbergen. Von Finmarken und den Lofoten bis Bergen und südlicher, doch hier nur klein.
Pecten opercularis L. (Ostrea.) Sehr variabel, daher die verschiedenen Namen P. exasperatus Sow., subrufus Pennton, lineatus DaCosta, Audouini Payr, etc. Die Rippen bald breit, gerundet und ziemlich glatt, bald schmal und scharf gefurcht mit verschiedenem Charakter der Sculptur, auch die Farbe sehr mannichfaltig. Die var. lineata mehrfach an der Küste von Norfolk Tiefe Rinne (113 u. 115).	40 35 105 108 113 115	Hougesund Scharen. Hvidingsöe. Silverpit. Norfolk Küste. Desgleichen. Desgleichen. Helgoland.	5–20 0 - 5 37 12 23 23 12–20	Felsig und steinig. Weisser körniger Sand. steinig. Schlick. Sand m. vielen Rohren von Sabellaria. Sand und Schill. Schille mit Schlickballen und Steinen. Austerbank.	Von den I. foten bis in den Sund von + –100 Faden. - Shetland, N. thumberland. N. von Hebriden in 530 F. W. Frankreich. Lusitan. Mediterran.
Pecten septemradiatus. MÜLLER. danicus Chemn, pseudamusium Chemn. adspersus Lam. Dumasii Payr. nebulosus et Jamesoni Brown. In Betreff der Anzahl und Beschaffenheit der Rippen ebenso variabel wie Pecten glaber L. Meist auf blass bräunlich rothem Grunde weiss gefleckt, gesprenkelt oder marmorirt, selten ganz weiss. – Mit Ausnahme einiger, meist jugendlicher Exemplare von Sölsvig-Bergen wurden an allen übrigen aufgezählten Stationen nur mehr oder weniger frische Schaalen gefischt.	56 47 44 26 27 215 227 236	Sölsvig. Bergen Hafen. Bei Hougesund. Schären bei Cleven und Mandal. Vor Lindesnaes. S von Lindesnaes. N von Skagen. Aalborgbucht.	5–30 0–50 106 0–35 220 93 52 6	Steinig. Steinig mit einzelnen Schaalenbruchstück. Steinig und felsig. Graubl. thon. Schlick. Schlickiger Sand, viel leere Wurmrohren. Sandiger Schlick mit vielen Wurmrohren. Feiner grauer Sand mit Schaalen.	Längs der ganzen scandinavischen Küste bis in den Sand von 20 –140 F. Lofoten 300 F. – Christianiafjord 10–230 F. – Shetland b. Northumberland 20 – 90 F. Porcupine 90–664 F.
Pecten Bruei Payraudeau. P. aratus Gmelin. P. sulcatus Müller (non Lamarck).	44 31 18	Hougesund. Vor Jaderen. Skagerrak.	106 106 115	Schlick mit Grand. Dunkelgrauer Schlick.	Lofoten bis Bohuslän. – Drôbak 10 80 F. – Shetland. – N. v. Hebriden 530, land. Porcupine 155–345 F. Mediterran.
Pecten tigrinus MÜLLER. P. parvus DaCosta. P. domesticus Chemn. Bei Glaesvaer No. 61 fand sich eine weisse Varietät.	61 44 40 219 83 108	Glaesvaer. Hougesund. Schären b. Hougesund. Skagerrak (einz. Sch.) SO v. Peterhead. (dgl.) Norfolk K.	5–50 106 5–20 80 30 12	Steinig. Felsig und steinig. Grauer Schlick, viel weiche Wurmrohren. Muschelschaalen mit Sand u. kl. Steinen. Sand.	Von Finnmarken bis in den Sund, Hellebaek, 10–100 F. Shetland bis C nalaus n, 7 – 82 F. – Porcupine 64– 420 F. Cap Breton 30– 45 F. – Lusitanisch.
Pecten striatus MÜLLER.	61 31 26	Glaesvaer. Vor Jaderen. Schären bei Cleven (einzelne Schaalen).	bis 50 106 0–15	Steinig und schlickig. Schlick mit Grand. Steinig und felsig.	Von Finnmarken bis in den Sund, Hvecn Müller, 1) 5–100 F. Shetland. Northumberland 12–90 F. Porcupine 60–420 F. Cap Breton Landes) 30 45 F. – Lusitan. Mediterran.
Pecten Testae Bivona. P. fenuis Lovén. Einzelne grosse Schaalen bei 83 SO von Peterhead.	44 83	Hougesund. SO von Peterhead.	106 30	Muschelschaalen mit Sand u. kl. Steinen.	Von Bergen bis Bohuslän. – Drôbak 10 80 Faden. – Shetland, Irlan I. Guernsey. Porcupine 30 164 F. Westfranz. Küste, Golf de Gascogne 75 F. – Mediterran.

Artname und Litteratur.	Beob-achtgs-No.	Fundort.	Tiefe in Faden.	Grund.	Geograph. Verbreitung.
Pecten similis LASKEY. P. tenuidus (Turton) LOVEN. P. pygmaeus von MESTER.	106	Vor Jaderen.	106	Schlick mit Grand.	Finnmarken bis Bohuslän. — Christianiafjord 40—140 F. — Shetland 65 F. Northumberland. Porcupine 40—420 F. — Lusitan. Mediterran.
Pecten Hoskynsi FORBES. Report of Brit. Assoc. 1843. P. imbrifer LOVEN.	106	Bei Hougesund.	106		Finnmarken. Porcupine.
Pecten vitreus CHEMNITZ. (Pallium.) Conch. Cab. VII. fig. 637 a. var. abyssorum LOVEN.	62 63 44 38 20 224	Korsnaes (Korsfjord). Korsfjord Ausgang. Bei Hougesund. Naerstrand. Skagerrak. Desgleichen.	337 135-217 106 365 294 320	Schlick mit viel. länglich eiformigen Ballen, Theils Schlick, theils kleine Steine. Blaugrauer Schlick. Dunkelgrauer Schlick. Grauer Schlick, Theile todter Seegrasblätter.	Finnmarken bis Bohuslän in 50-500 F. (Hardangerfjord. — Shetland. — Porcupine 208 1.04 F. — Cap Breton (LASTOIS). - Mediterran.
Pecten maximus L. (Ostrea.) Einzelne Schaalen auch bei Helgoland.	53	Sölsvig.	0—20	Steinig, Muschelschaal.	Von Christiausund bis Bohuslän in 5—40 F. — Shetland. — Lusitan. Mediterran. (Spanien.)
Lima hians GMELIN. (Ostrea.)	47	Bergen Hafen. Hougesund Schären (nur Schaalen).	bis 50 5—20	Steinig. Steinig.	Lofoten bis Bohuslan in 4—30 F. — Shetland bis Aberdeen. Sonst nicht weiter in der Nordsee; übrigens von NO Irland bis zum Aegäischen Meer.
Lima Loscombei G. B. So-WERBY. Schaalen bei Sölsvig, Cleven und Mandal.	40	Hougesund Schären.	5—20	Steinig.	Lofoten bis Gothenburg in 15—50 F. — Christianiafjord 5—100 F. — Shetland bis Northumberland. - Porcupine 64—75 F. — Arcachon. — Hendaye. — Mediterran.
Lima subauriculata MONTAG. Schaalen bei Cleven u. Mandal. Von DUNKER auch in einer einzelnen Schaale südl. v. Helgoland gefunden.	53 61 44	Sölsvig. Glaesvaer. Hougesund.	0—20 bis 50 106	Steinig. Steinig.	Circumpolar. — An d. Norweg. Küste. — An d. nordl. Lofoten bis Bohuslän in 10—120 F. — Shetland bis Northumberland. Porcupine 125—1443 F. - Lusitan. Mediterran.
Lima Sarsii LOVEN. (Limea.) Index mollusc. Scand. Eine Schaalenhälfte bei Korsfjord Ausgang.	63	Korsfjord Ausgang.	135-217	Theils Schlick, theils kleine Steine.	Finnmarken 40—80, Lofoten 300 F. — Bergen. — Shetland 85 F.
Mytilus edulis L. Je nach Beschaffenheit des Vorkommens sehr variabel.		An allen Nordseeküst.		Schlick, Sand, Steine, Holz.	Vom Eismeer bis zum östl. Becken der Ostsee und bis, in den vorderen Theil des Mittelmeeres in 4—15 F.
Modiola modiolus L. (Mytilus.) In der Umgebung von Helgoland (Austerbank) von recht ansehnlicher Grosse.	83 108 111 113 56 9	SO von Peterhead. Norfolk Küste. Desgleichen. Desgleichen. Sölsvig. Grosser Belt.	30 12 16 23 5—30 22—36	Sand, Steine und Muschelschaalen. Sand m. viel. Röhren von Sabellaria. Kleine Steine. Sand und Schill. Steinig. Steinig.	Circumpolar. — Von Finnmarken bis in den Sand und die Belte von 0—100 F. — Shetland bis Canal.
Modiola phaseolina PHILIPPI. Nach DUNKER auch bei Helgoland (Austerbank).	55 44 31 215	Sölsvig. Bei Hougesund. Vor Jaderen. S von Lindesnaes.	100 106 106 93	Grauer kalkr. Schlick (Schlick und Grand?) Schlick mit Grand. Grauer schlick. Sand und kleine Steine.	Von Finnmarken bis Bohuslän. — Shetland. — Northumberland von 0—80 F. — Porcupine 30—110 F. Arcachon. — Mediterran.
Modiolaria discors L. (Mytil.)	61 108	Glaesvaer. Norfolk Küste.	bis 50 12	(Steine u. Algen?) Sand	Von Finnmarken bis in die westl. Ostsee, Shetland bis Canal. - N von den Hebriden 530 F.

Artname und Litteratur.	Beob-achtgs-Nr.	Fundort.	Tiefe in Faden.	Grund.	Geograph. Verbreitung.
Modiolaria nigra GRAY. (Modiola.)	227	N von Skagen.	52	Sandiger Schlick mit vielen Wurmröhren.	Von Finnmarken bis Kiel. Von den Shetland-Inseln bis zur Küste v. Yorkshire.
	105	Silverpit.	37	Schlick.	
Modiolaria marmorata FORBES. (Mytilus.)	61	Glaesvaer.	bis 50		Von Finnmarken bis Kiel. Shetland bis Can. I. - - Porcupine 15 No F. Arcachon.- Lusitan. Mediterran.
	59	Desgleichen.	5 10	Steinig; im Mantel von Ascidia mentula.	
	108	Norfolk Küste.	12	Sand mit vielen Wurmröhren.	
	134	Vor Ter Schelling.	10	Sand und Schill.	
	138	Desgleichen.	22	Schlickiger Sand.	
Leda pernula MÜLLER. (Arca.) rostrata GMELIN. ½ Schaale bei 79 circa 60 Seem. N. 1 von Peterhead.	56	Sölsvig.	25—30	Steinig.	Grönland, Spitzbergen. Von Finnmarken bis in den Sund in 20—150 F. - Bei Shetland nur in einzelnen vielleicht fossilen Schaalen. — Porcupine 358 F.
	26	Schären bei Cleven u. Mandal.	15 35	Steinig und felsig.	
		NO von Peterhead.	69	Sandiger Schlick.	
Leda minuta MÜLLER. (Arca.) caudata DONOV. Soll mit der vorhergehenden und folgenden Art (Yoldia tenuis PHIL.) auf der Herna'schen Expedition 1861 2 deutsche Meilen NW von Helgoland gefunden sein; ob in frischen, resp. lebenden Exempl. ren, oder nur in einzelnen Schaalen, ist leider nicht angegeben. Siehe Nachrichtsblatt der deutsch. malakozoolog. Gesellschaft 1872. No. 4.	56	Sölsvig.	25 30	Steinig.	Grönland, Spitzbergen. Von Finnmarken bis in den Sund in 10—150 F. — Shetland bis Canal. Porcupine 40—420 F.
	216	Skagerrak.	37		
	225	Desgl. N v. Hirshals.	26	Schlickig.	
	213	NW von Hanstholm.	49	Sand.	
	204	Kl. Fischerbank.	25	Feiner Sand u. kleine St. u. Schlickballen.	
	79	60 Seem. NO v. Peterh.	69	Sandiger Schlick.	
	108	Norfolk Küste.	12	Sand mit viel. Röhren von Sabellaria.	
Yoldia pygmaea MÜNSTER. (Nucula.)	63	Korsfjord Ausgang.	135-217	Theils Schlick, theils kleine Steine.	Von den nördlichen Lofoten bis Bohuslän in 30—300 F. Shetland 20 No F. — Porcupine 40—1180 F. Golfe de Gascogne 40—80 F. Mediterran.
		Schären bei Cleven und Mandal.	15 35	Steine und Felsen.	
Yoldia lucida LOVÉN.	55	Sölsvig.	100	Grauer kalkr. Schlick.	Von Finnmarken bis Bohuslän in 30—500 F. (Hardangerfjord.) N v. Helenden 189 650 F. Porcupine 114—1203 F.
	63	Korsfjord Ausgang.	135-217	Theils Schlick, theils kleine Steine.	
	44	Hougesund.	106		
	38	Naerstrand (Bukenfjd.)	365	Blaugrauer Schlick.	
	31	Vor Jaderen.	106	Schlick mit Grand.	
	27	Vor Lindesnaes.	220	Schlick.	
	224	Skagerrak.	320	Schlick. viele weiche Wurmröhren, Theile todter Seegrasblätter.	
Malletia obtusa M. SARS. (Yoldia) Christiania Vidskabs-Selskabs Forhandlinger Aar 1868, p. 256, olim abyssicola SARS non TORELL) l. c. 1858. p. 86. G. O. SARS, On some remarkable forms of animal life etc. tab. 3. fig. 16—20 (Yoldia obtusa). MÖRCH, Skand. Naturforskermöde 1873. p. 375 (Malletia obtusa).	63	Korsfjord (Ausgang).	135-217	Theils Schlick. theils kleine Steine.	Von den Lofoten bis zum Skagerrak (Lindesnaes) in 200—500 F. — Porcupine 539 F.
	38	Bukenfjord (Naerstrd.).	365	Blaugrauer Schlick.	
		Vor Lindesnaes. (frische Schaalen.)	220	Graublauer, thoniger Schlick.	
Nucula sulcata BRONN. decussata F. et H. In der Nordsee local und verhältnissmässig selten. Einzelne Schaalen werden angetroffen bei No. 94 O. v. Berwick, bei No. 113 Norfolk Küste und ½ Schaale in der deutschen Bucht S v. Helgoland.	56	Sölsvig.	5 30	Steinig.	Von Bergen bis Bohuslän in 14—35 F. Christianiafjord 15—100 F. Kattegat; Aalbaeksbucht 18—20 F. Sund. Ilveen nach MÖLLER. Von Shetland, O Schottland und Northumberland nicht bekannt. Porcupine 15—208 F. — Arcachon. Lusitanisch. Mediterran. Pontisch.
	26	Scharen bei Mandal.	35	Steinig.	

Artname und Litteratur.	Beob-achtgs-№.	Fundort.	Tiefe in Faden.	Grund.	Geograph. Verbreitung.
Nucula nucleus L. (Arca.) In der südl. Nordsee eine der häufigsten Muscheln, namentlich auf den Sandgründen (12—22 F. der De'tsch'n Bcht. Die Varietät r. dt. 1 wurde bei N., 225 mit der gewöhnlichen Form zusammen angetroffen, ebenso bei 156 S. von Helg land.	229 225 195 167 175 176 157 156 155 145 144 137 136 100 101 108	Skagen. N von Hirshals. Deutsche Bucht. Dsgl. Dsgl. Dsgl Dsgl. Dsgl. Doggerbank. Norfolk Küste.	6 26 10 13 12 17, 21 u. 29. 19—20 19 12 u. 13 12	Feiner Sand mit Muschelschaalen. Schlick. Sand mit Muschelsch. Blauer Schlickm.Sand. Feiner Sand. Sandiger Schlick und schlickiger Sand. Sandiger Schlick mit und ohne Schaalen. Feiner Sand. Sand mit Muschelsch. Sand.	Von den Lofoten bis zum Oresund. — Von Shetland bis zum Canal. — Porcupine 10—1180 F. — W-Küste Frankreichs. Lusitan. Mediterran.
Nucula nitida G. B. SOWERBY. Für die Schaalen bei Hirsals. Ist in der Deutschen Bucht an der Ins. F no gefunden (FEDDER teste Möll. II., nach COLLIN sehr häufig im westlichen The le des Limfj rd. (Om Östersfiskeriet i Limfjorden i Tidsskr. for populaere Fremstillinger if Naturvid nsk. IV Rackke, III. Bd., 1871.	55 225	Sölsvig. Hirshals.	90-100 26	Grauer kalkr. Schlick. Schlickig.	Grönland. — Bergen, Chr.-stianiafjord Drobak 40 80 F., Bohuslän, Kattegat, Sund, Shetland, Northumberland. Aerochon. Lusitan. Mediterran.
Nucula tumidula MALM. punc la LOVEN MS, (N. nucleus, β, Index Moll. Scand.). Bei No. 27 nur e nige leere, aber frische Schaalen.	55 63 38 27	Sölsvig. Korsfjord Ausgang. Naerstrand. Vor Lindesnaes.	100 135-217 365 220	Grauer kalkr. Schlick. Theils Schlick, theils kleine Steine. Blaugrauer Schlick. Graubl. thon. Schlick.	Von den nördlichen Lofoten bis Bohuslän, Christianiafjord 40—1170 F. - Mediterran, Algerien 1415 F.
Nucula tenuis MONTAGU. Die Varietät inflata wurde bei S lsvig gefunden. In der Deutschen Bucht ist N. tenuis-a f dem schlickigsandigen Austergrunde zwischen 18 bis 22 F. westl. von Helgoland bis Ter Schelling nicht selten.	55 38 26 225 18 216 136 98 99	Sölsvig. Naerstrand. Schären bei Mandal. Skagerrak. Dsgl. Dsgl. Deutsche Bucht. Doggerbank.	100 365 35 26 115 37 19 23 u. 13	Grauer kalkr. Schlick. Blaugrauer Schlick. Steinig und felsig. Schlick. Dunkelgrauer Schlick. Sand. Fein. Sand m. Muschelschaalen. Feiner Sand mit und ohne Schaalen.	Grönland. Spitzbergen. Von Finnmarken bis in den Sund. Shetland bis Doggerbank, N. v. Hebriden 180—650 F. — NW, Frankreich. — Mediterran.
Arca lactea L. W rde nur in einzelnen Schaalen gefisch t.	156 114 115	Deutsche Bucht: S von Helgoland. Norfolk K. (Tiefe Rinne). Dsgl.	21 22 16½	Schlickiger Sand. Sand. Schille u. Steine. Schill und Sand.	Innerhalb der Nordsee von Berwick bis zum Canal 15—25 F. — W. französ. K. — Lusitan. Mediterran. — Von den Lofoten bis Bohuslän 30—300 F.
Arca nodulosa MÜLLER. A. spera PHILIPPI. Enum. Moll. Vol. II. p. 43. T. 15. fig. 1!	31	Küste vor Jaderen.	106	Schlick mit Grand.	Nicht in der übrigen Nordsee. Bei Stettin und den Orkneys nur einzelne Schaalen. Porcupine 155-393 F.
Arca pectunculoides. SCACCHI. A. raridentata SEARLES WOOD. Von der Varietät mr or SARS ward b i G. o vaer en bis 50 F., eine halbe Schl. 1 g bei t ussercem ine einzelne S 1 - le hälfte ver_e s d h re n Form v r Lindesnaes 120 F. Schlick!	63 44	Korsfjord Ausgang. Bei Hougesund.	135-217 106	Theils Schlick, theils kleine Steine.	Von Finnmarken bis Bohuslän in 30—300 F. — Shetland 55—60 F. — N. von Hebriden bis 650 F. — Porcupine 110—422 F. — Golfe de Gascogne 60 F. — Lusitan, Mediterran.
Limopsis borealis WOODWARD MS. JEFFREYS, Brit. Conch. V. 174. Tab. C. fig. 3	55 63 44 31	Sölsvig. Korsfjord Ausgang. Bei Hougesund. Küste vor Jaderen.	100 135-217 106 106	Grauer kalkr. Schlick. Theils Schlick, theils kleine Steine. Schlick mit Grand.	Von den nördlichen Lofoten bis oberhalb Lindesnaes in 80—500 F. (Hardangerfjord.) Porcupine 507 F.

Artname und Litteratur.	Beobachtgs. Nr.	Fundort.	Tiefe in Faden.	Grund.	Geograph. Verbreitung.
Montacuta ferruginosa MONTAGU. (Mya.) Einzelne mehr oder weniger frische Schaalen wurden an folgenden Stationen gefunden: Deutsche Bucht 135 (14 F., Sand); 145 (10 F., sand. Schlick); 157 (17 F., sand. Schlick); 196 (15 F., feiner Sand); Skagerrak 210 (37 F.)	137 195	Deutsche Bucht. Dsgl.	20 10	Sandiger Schlick. Sand mit Schill.	Von Finnmarken bis Kullen in 5–50 F. — Shetland bis Canal. — Arcachon. Lusitan. Mediterran.
Montacuta bidentata MONTAGU. (Mya.) Einzelne Schaalen bei 195 (10 F., Sand); Bass Rock 91 (24 F., schlick. Sand).	157 169	S von Helgoland.	17½	Sandiger Schlick mit u. ohne Muschelsch.	Von Finnmarken bis Kiel 0—50 F. — Christianiafjord 40—100 F. — Shetland bis Canal 10—70 F. Porcupine 5—1366 F. W. franz. Küste. — Lusitan. Mediterran.
Montacuta substriata MONTAGU (Ligula.) An allen aufgeführten Stationen auf Spatangus purpureus.	212 81 83 94 96	NW v. Hanstholmen. NO von Peterhead. SO von Peterhead. O von Berwick. O v. Bamborough Castle.	36 50 30 34 36	Sand m. Muschelsch. Feiner Sand. Muschelsch. in. Sand und kleinen Steinen. Musch. u. kl. Steine. Sandig m. kl. Steinen.	Von Finnmarken bis Kullen (3 Meilen W von Kullen, A SMIDTH teste MOECH) in 10–250 F. — Shetland bis Doggerbank. Porcupine 73–120 F. Arcachon. Mediterran. (Dalmatien).
Cryptodon flexuosus MONTAGU. Lucina flexuosa F. et H. Axinus flex. JEFFREYS B. Conch. Die Varietät Cryptodon Sarsii PHILIPPI, LOVÉN Index Moll. Skand. bei No. 55 u. No. 63. Leere Schaalen wurden angetroffen bei No. 199 W. v. Blaavandshuk (15 F., grober Sand) und NW von Helgoland No. 145 (19½ F., sandiger Schlick.	55 63 61 44 38 27 224 215 79	Sölsvig. Korsfjord Ausgang. Glaesvaer. Bei Hougesund. Naerstrand. Vor Lindesnaes. Skagerrak. S von Lindesnaes. c. 60 Seem. NO von Peterhead.	100 135-217 50 106 365 220 320 93 69	Grauer kalkr. Schlick. Theils Schlick, theils kleine Steine. Steinig. Blaugrauer Schlick. Graublauer thoniger Schlick. Grauer Schlick mit Theil. todt. Seegrasbl. Schlick. Sand, kleine St. u. v. Wurmröhren. Sandiger Schlick.	Circumpolar. — Von Finnmarken bis zum Sund in 10–500 F. (Hardangerfjord). — Shetland bis Canal, Porcupine 3–557 F. — W. franz. Küste. — Lusitan. Mediterran.
Lucina spinifera MONTAGU. (Venus.)	26	Schären von Cleven und Mandal.	15–35	Steine und Felsen.	Von Nordland bis Bohuslan. — Shetland, Aberdeen. In der übrigen Nordsee nicht. — W. franz. Küste. Lusitan. Mediterran.
Lucina borealis L. (Venus.) Einzelne Schaalen auf der Doggerbank 101 (12 F., feiner Sand).	53 47	Sölsvig. Bergen Hafen.	20 bis 50	Steinig. Steinig.	Von Finnmarken bis Kullen und Hellebak in 0 to F. — Shetland, Northumberland 0–82 F. — N. v. Hebriden 530 F. W. franz. K. Lusitan. Mediterran.
Cardium echinatum L. An allen nebenstehend aufgeführten Localitäten wurde nur junge Brut von 10 bis 15mm. Höhe gefischt. Grössere aller leere Schaalen fanden sich auf f der Doggerbank No. 68 F. 99 in 25 u. 12 F., feuer Sand; NW v. Helgoland N 147 in 20 F., Sand mit wenig Schlick; SO v. Peterhead No. 83 in 30 F., sand und kleine Steine).	227 225 216 215 199 79 91 92	Sölsvig. N von Skagen. N von Hirshals. NW v. Hanstholm. W v. Hanstholm. W v. Blaavandshuk. c. 60 Seem. NO von Peterhead. Bass Rock. S Abbshead.	52 26 37 49 15 69 21 40	Sandiger Schlick mit vielen Wurmrohren. Schlick. Sand. Sand. Grober Sand mit Muschelstuckchen. Sandiger Schlick. Schlickiger Sand. Sandiger Schlick.	Von Oxfürd in Finnmarken bis Kullen in 5–80 F. — Shetland bis Holland. — Porcupine 15–774 F. W. franz. K. — Lusitan. Mediterran.
Cardium nodosum TURTON. Frische Schaalen bei Hougesund No. 40 in 5 bis 20 F., steinig; Hydroiden (No. 35 in 5 F.) weiter hinunter Sand).	215 196 190	N v. Hanstholm. W v. Blaavandshuk. Dsgl.	15 15 15	Steine, Sand, Kies, Schaalen. Feiner Sand. Schaalenstückchen. Grober Sand mit Schaalenstückchen.	Von Finnmarken bis zum Kattegat, Herb n 5 F. in 5 to 7. — Shetland, Pel., Küste. — W. franz. K. Lusitan. Mediterran.

Artname und Litteratur.	Beob-achtgs-Nr.	Fundort.	Tiefe in Faden.	Grund.	Geographische Verbreitung.
Cardium minimum PHILIPPI. C. suecicum Reeve, F. et H.	63	Korsfjord Ausgang.	135-217	Theils Schlick, theils kleine Steine.	Von Finnmarken bis zum Sand in 10 337 F. Shetland bis Moray Frith. Porcupine 15 542 F. – W. franz. Küste. Medi erran.
	62	Desgl. Korsnaes.	337	Schlick.	
	40	Hougesund Schären.	5—20	Steinig.	
	26	Scharen bei Cleven und Mandal.	35	Steinig und felsig.	
	18	Skagerrak, NW von Hirshals.	115	Dunkelgrauer Schlick.	
	219	Dsgl.	80	Schlick.	
	216	Dsgl.	37		
	215	WNW v. Hanstholm.	93	Grauer schlick. Sand und kleine Steine.	
	213	Desgl.	49	Sand.	
	79	c. 60 Seem. NO von Peterhead.	69	Sandiger Schlick.	
Cardium fasciatum MONTAG.	61	Glaesvaer.	50	Steinig.	Von Finnmarken bis zur Ostsee (Warnemünde) in 5 - 180 F. – Shetland bis Canal. Golfe de Gascogne 15 60 F. – Lusitan. Mediterran.
	40	Hougesund Schären.	5—20	Weisser körniger Sand und Steine.	
	35	Hvidingsoe.	5½	Schlick.	
	219	NW von Hirshals.	80	Sand.	
	213	WNW v. Hanstholm.	49	Sandiger Schlick und schlickiger Sand	
	155	S von Helgoland.	29 u. 21		
	156				
	108	Norfolk Küste.	12	Sand.	
Cardium edule L. Bei No. 162 var. minus; siehe spätere Bemerkung.	53	Solsvig.	0—2	Steinig.	Von Finnmarken bis zum östl. Theile der Ostsee. — An allen Nordseeküsten. — Lusitan. Mediterran, bis zum Aral-ee u. Caspischen Meere.
	90	Strand v. Fisherrow.	0 1	Sand.	
	162	Wilhelmshav., Rhede.	0 1	Sand und Schlick.	
Cardium Norvegicum. SPENGLER. (Aus der südl. Nord-see sind mir bis jetzt nur leere abgerollte Schaalen bekannt.) Eine abgerollte Schaale vor der Läso-Rinne (No. 16 in 8 F., Sand).	56	Sölsvig.	30	Steinig.	Von Trondhjemsfjord bis zur Läso Rende im Kattegat in 10 50 F. — Shetland, Northumberland. — W. franz, K. Lusitan. Mediterran.
	204	Kl. Fischerbank.	25	Feiner Sand u. kleine Schlickballen.	
	196	W v. Blaavandshuk.	15	Feiner Sand mit Schaalenstücken.	
Kelliella abyssicola M. SARS. II. Bidrag til Kundskab om Christianiafjordens Fauna. pag. 89. Tab. 12. fig. 11-15 und Tab. 13.	38	Naerstrand.	365	Blaugrauer Schlick.	Trondhjem-fjord, Lofoten, Hardangerfjord, Christianiafjord in 20—500 F. — Shetland. — Aegacisches Meer.
Isocardia cor L. (Chama.)	55	Sölsvig.	100	Grauer kalkr. Schlick.	Christiansund, M dde, Sognefjord, Christianiafjord in 20 100 F. - Shetland. — Areachon. — Lusitan. Mediterran.
Cyprina islandica L. (Venus.) Aehnlich wie bei Cardium echinatum werde an den aufgeführten Localiteten it Au nahme v. No. 147 245 v ir junge lebende Brut von 5 bi mm. Lange gefischt. Alle mehr oder weniger verwitterte Schaalenhälften wurden an der Norweg. u. Schott. Küste mehrfach angetroffen.	225	N v. Hirshals.	26	Schlick.	Grönland, — Finnmarken bis Ostsee (Warnemünde) in 5 - 70 F. — Shetland, Canal. — W. franz. K. b, Areachon.
	196	W von Blaavandshuk.	15	Feiner Sand mit Schaalenstücken.	
	147	W von Helgoland.	20	Sand mit wen. Schlick.	
	79	c. 60 Seem. NO von Peterhead.	69	Sandiger Schlick.	
	105	Silverpit.	37	Schlick.	
	16	Kattegat (Läso Rinne).	8	Sand m. Muschelsch.	
	245	Kl. Belt.	16—10	Todtes Seegras.	
Astarte borealis CHEMNITZ. (Venus.) rebi GRAY. W v. Hjo H di r ein lceres aber frisches und im Schlossbande usair ng s i vg al. Exemplar.	251	Apenrader Bucht.	8—14	Schlick und Mud.	Circumpolar. Von Finnmarken bis Bergen, dann wieder vom südlichsten Kategat bis O von Bornholm in der Ostsee. Bei Shetland und an der Schott. K. nur einige defecte Schaalen.
	212	W von Hanstholm.	36	Sand und Schaalen.	
Astarte sulcata DA COSTA. (Pectunculus) Tort. tz ng a f Seite 237?	56	Solsvig.	5 30	Steinig.	
	55	Desgl.	100	Schlick.	
	63	Korsfjord (jung.)	135-217	Theils Schlick, theils kleine Steine.	

Artname und Litteratur.	Beob- achtgs- No.	Fundort.	Tiefe in Faden.	Grund.	Geograph. Verbreitung.
Astarte sulcata DA COSTA. (Fortsetzung.) Die Varietät elliptica (Crassina elliptica BROWN) wurde in einzelnen abgerollten und wahrscheinlich fossilen Schaalen mit Rhynchonella psittacea in der Tiefen Rinne SO v. Yarmouth No. 113 (23 F., Sand und Schill) gefischt.	61 44 40 31 215 77 83	Glaesvaer. Hougesund. Desgl. Schären. Küste v. Jäderen (jung). S von Lindesnaes. c. 90 Seem. NO von Peterhead. SO von Peterhead.	50 106 20 106 93 66 30	Felsen und Steine. Schlick mit Grand. Schlick. Sand. kl. St., viel Wurmröhren. Harter Grund, Sand und Schlick. Sand und Steine mit Muschelschaalen.	Von Finnmarken bis Warnemünde (Ostsee) in 5—400 F. Shetland bis Doggerbank in 7—85 F. N. v. Hebriden in 170—550 F. Golfe de Gascogne 40—80 F. — Lusitanisch.
Astarte compressa MONTAG. (Venus.)	53 61 40 213 204	Sölsvig. Glaesvaer. Hougesund. NW von Hanstholm. Kl. Fischerbank.	20 bis 50 20 49 25	Steinig. Steinig. Felsen, Steine. Sand. Mud, kl. Steine und Schlickballen.	Grönland. Russ. Nordküste. — Von Finnmarken bis Kiel in 5—100 F. — Shetland bis Doggerbank u. Scarborough.
Dosinia exoleta L. (Venus.) Leere Schaalen: Bergen Hafen — N v. Skagen No. 227 (52 F., sand. Schlick) — W v. Hanstholm No. 212 (36 F., Sand) — SO von Peterhead No. 13 in 30 F. — Tiefe Rinne No. 60 in 23 F.	40 35 225	Hougesund. Hvidingsoe. N von Hirshals.	5—20 5 26	Felsen und Steine. Körniger Sand u. St. Schlick.	Von den Lofoten bis Bahuslän in 0—40 F. Shetland bis Canal. W. franz. K. — Lusitan. Mediterran.
Dosinia lincta PULTENEY. (Venus.) Leere Schaalen: NW von Hanstholm No. 216 in 37 F., Sand — Strand v. Fisherrow bei Portobello No. 90.	225 91	N v. Hirshals (jung). Bass Rock (jung).	26 24	Schlick. Schlickiger Sand.	Von Nordland bis zum Kattegat (Läso Rinne, in o 60 F. — Shetland bis Can. I, W. franz. Küste.
Venus fasciata DA COSTA. (Pectunculus.)	53 40 83	Sölsvig. Hougesund. Schären. SO v. Peterhead.	bis 30 5—20 30	Steinig. Steinig. Sand, kleine Steine und Muschelschaalen.	Von Bejan (Trondhjemsfjord) bis Bohuslän in 5—50 F. Von Shetland bis Durham. — W. franz. Küste. Lusitan. Mediterran.
Venus Casina L. Bei No. 84 in 48—50 F. einzelne abgerollte u. wurmstich'ge Schaalen.	83	SO v. Peterhead.	30	Sand, kleine Steine und Muschelschaalen.	Nordliche u. mittlere norweg. Küste süd. loc. l, ebenso Shetland, Northumberland, Canal, W franz. Kuste. Lusitan. Mediterran.
Venus ovata PENNANT.	53 61 40 26 215 213 204 203 199 155 156 113 94 83	Sölsvig. Glaesvaer. Hougesund. Schären. Schären von Cleven und Mandal. S von Lindesnaes. W von Hanstholm. Kl. Fischerbank. S v. d. kl. Fischerbank. W v. Blaavandshuk. S von Helgoland. Norfolk Küste. Tiefe Rinne. O von Berwick. SO von Peterhead. c. 60 Seem. NO von Peterhead.	20 bis 50 5—20 15—35 93 49 25 19—22 15 29 u. 21 23 34 30 69	Steinig. Felsen und Steine. Felsen und Steine. Schlick, Sand, kl. St., viel Wurmröhren. Sand. Sand, kleine Steine u. Schlickballen. Feiner Sand. Grober Sand mit Muschelstückchen. Sandiger Schlick und schlickiger Sand. Sand und Schill. Muschelschaalen und kleine Steine. Sand, Muschelschaalen und kleine Steine. Sandiger Schlick.	Von Finnmarken bis zum süd. Kattegat in 4—50 F. — Shetland bis Doggerbank. Porcupine in 10—1300 F. W. franz. K. Lusitan. Mediterran.

Artname und Litteratur.	Beobachtgs.-Nr.	Fundort.	Tiefe in Faden.	Grund.	Geographische Verbreitung.
Venus gallina L.	98	Doggerbank.	23—13	Sand mit oder ohne Muschelschaalen.	Von Finnmarken bis zum Oresund von o—100 F. — Shetland bis Canal. — W. franz. Küste.
Pectunculus striatulus DA COSTA.	99				
Venus striatula F. et H.	100				
Die Mittelmeerform der gallina kommt in der Nordsee nicht vor. (DUNKER.) Auf den sandigen und schlickig-sandigen Gründen der südl. Nordsee diesseits der Doggerbank von der Norfolk-Küste bis zum Skagerrak ist V. gallina in 12 22 F. ausserordentlich verbreitet. Vorherrschend sind die Varietäten V. laminosa MONTAGU und gibba JEFFREYS Brit. Conch. II. p. 346. Von den 22 Stationen, an welchen d'ese Art in grosserer oder geringerer Anzahl im Schleppnetz aufgebracht wurde, geben wir nebenstehend nur die wichtigsten.	105	Silverpit.	37	Schlick.	
	115	Tiefe Rinne.	16½	Schill und Sand.	
	118	W-Küste von Nord-Holland.	16½	Schill und feiner Sand.	
	134	Vor Ter Schelling.	10 u. 19	Feiner Sand u. Schill.	
	136				
	144	W von Helgoland.	19	Sandiger Schlick mit Schaalen.	
	175	N von Helgoland.	12	Feiner Sand.	
	176				
	196	W v. Blaavandshuk.	15	Fein. u. grober Sand.	
	199				
	204	Kl. Fischerbank.	25	Feiner Sand m. kleinen Schlickballen.	
	225	Skagerrak, N v. Hirsh.	26	Schlick.	
		Bass Rock.	24	Schlickiger Sand.	
Tapes pullastra MONTAGU. (Venus.) Die Varietät perforans MONTAGU bei Helgoland.	90	Strand von Fisherrow bis Portobello. Helgoland, Düne.	0—1	Sand; (anstehende Gesteine u.Steinblöck). In angespülten Kreideblöcken und Wurzelenden der Laminarien.	Von Finnmarken bis zum Kl. Belt von 0—10 F. - Shetland bis Canal. — W. franz. Küste.
Tapes decussatus L. (Venus.) Leere Schaale.		Strand von Fisherrow bis Portobello.	0—1	.	NW Jütland und Kattegat nach MÖRCH. Shetland bis Canal. — W. franz. K. — Lusitan. Mediterran.
Tapes edulis CHEMNITZ. Conch. Cab. Tab. 43, fig. 457. 458. Venus edulis. V. virago LOVÉN. virginea Avetor; sed non LINNÉ. Die LINNÉsche Art kommt von den Philippinen und ist durchaus verschieden. (DUNKER.) Leere Schaalen bei No. 115. Tiefe Kirne u. No. 04, O v. Berwick.	53	Sölsvig.	20	Steinig.	Von Trondhjemsfjord bis Hvidingsoe in 5—30 F. — Der südlichste Fundort auf der Ostseite der Nordsee scheint W v. Hanstholm zu sein. In der Deutschen Bucht noch nicht gefunden. — Shetland bis Canal. — W. franz. Küste.—Lusitan. Mediterran.
	40	Hougesund.	20	Steinig.	
	35	Hvidingsoe.	5½	Weisserkörniger Sand.	
	208	W von Hanstholm.	26	Grober Kies.	
	96	O v. Bamborough Castle.	36	Sandig u. kl. Steine.	
	83	SO von Peterhead.	30	Sand,Muschelschaalen und kleine Steine.	
Lucinopsis undata PENNANT.	40	Hougesund Schären.	20	Steinig.	Von Finnmarken bis zum Sund (HELLEBAK). Shetland bis Canal in 3—100 F. W. franz. K. — Lusitan. Mediteran.
	26	Scharen bei Cleven und Mandal.	15—35	Felsig u. steinig.	
	196	NW von Sylt.	15	Feiner Sand mit Schaalenstücken.	
	137	N von Ter Schelling.	20	Sandiger Schlick.	
	91	Bass Rock.	24	Schlickiger Sand.	
	83	SO von Peterhead.	30	Sand, kleine Steine u. Muschelschaalen.	
	101	Doggerbank.	12	Sand und Schill.	
Tellina crassa PENNANT. Diesseits der Doggerbank sehr local, bisher nur in leeren Schaalen gefunden. z. B. Norderney, Helgol. m., Sylt.	83	SO von Peterhead.	30	Sand, kleine Steine u. Muschelschaalen.	Trondhjemsfjord, Bergen, Bohuslän, o 50 F. — Shetland bis Doggerbank, franz. K. Lusitan. Mediterran.
	101	Doggerbank. (ganz frische zusammenhängende Schaalen.)	12	Sand- u. Schillgrund.	
Tellina baltica L. T. solidula PULTENEY, L. et H. Forchor., wahrscheinlich durch Strömungen in die Tiefe geführte Schalen aus der No. 167, Helgol nd., m 13 F. No. 115, Tiefe Rinne, m 23 F.	126	Zuidersee.	2½	Sandiger Schlick.	Circumpolar. - Von Finnmarken bis Memel von 0-10 F. in der Ostsee bis 30 F. — Shetland bis Canal. — W. franz. K. Lusitan. Mediteran. Pontisch.
	163	Wilhelmshav. Rhede.	0 1	Sand und Schlick.	
	186	Sylt, Lister Rhede.	0 1	Sand.	
Tellina fabula DONOVAN. Ter Schale bei No 220, O. v. Sl in 6 F.	35	Hvidingsoe.	5½	Weisserkörniger Sand.	Lofoten, Bergen in 3—15 F., Gothenburg in 17 F., Hirsholmene. — Shetland bis Canal in o 15 F. W. franz. K. Lesten, Mediterran.
	105	NW v. Sylt.	10	Sand und Schill.	
	135	N v. Ter Schelling u.	14	Feiner Sand mit Schaalen.	
	143	Borkum.	16		
	115	Tiefe Rinne.	23	Schill. Schlickballen und kleine Steine.	

Artname und Litteratur.	Beob-achtgs.-Nr.	Fundort.	Tiefe in Faden.	Grund.	Geographische Verbreitung.
Tellina pusilla PHILIPPI, JEFFREYS. T. pygmaea PHIL., LOVÉN.	40 109 103	Hougesund. W von Blaavandshuk (frische Schaale). Doggerbank.	5—20 15 18	Steinig. Grober Sand mit Muschelstücken. Grand.	West-Finnmarken bis Bohuslän in 10—25 F. Nach MOERCH auch bei Helleb., s von Kullen. — Shetland bis Doggerbank.
Psammobia Ferröensis CHEMNITZ. (Tellina.) Bei Sölsvig, No. 50, in 5—30 F., einige abgerollte Schaalen.	225 212 101 91 83	N von Hirshals. W von Hanstholm. Doggerbank. Bass Rock. SO von Peterhead.	26 36 12 24 30	Schlick. Sand und Schaalen. Feiner Sand mit Muschelschaalen. Schlickiger Sand. Sand, Muschelschaalen und kleine Steine.	Von Finnmarken bis Kullen und Helleb. in 5—60 F. Shetland bis Canal, W. franz. K. — Lusitan, Mediterran.
Donax vittatus DA COSTA. JEFFREYS Brit. Conch. II. p. 402.	176 134 118 115 113 98, 96 100	N von Helgoland. N von Ter Schelling. W v. Nord-Holland. Tiefe Rinne. Desgl. Doggerbank.	12 10 16½ 16½ 23 23 13	Feiner Sand. Sand und Schill. Schill u. feiner Sand. Schill und Sand. Sand und Schill. Sand mit und ohne Schaalen.	Von Skagen bis zur Holland. Küste in 5—25 F. Aberdeen bis Canal. W. franz. Küste. — Lusitan, Mediterran, pontisch.
Mactra solida L. Sehr verbreitet auf den Sandgründen der südl. Nordsee.	229 225 215 204 199 181 177 176 175 169 141 113 112 108 102 100 99, 98 94 90 83	O von Skagen. N von Hirshals. c. 10 Seem. N von Hanstholm. Kl. Fischerbank. W von Blaavandshuk. W von Sylt. N von Helgoland. SSO von Helgoland. Borkum Riff. Tiefe Rinne. Norfolk Küste. Doggerbank. Desgl. O von Berwick. Strand v. Fisherrow. SO v. Peterhead.	6 26 15 25 15 8 10½ bis 12½ 17 14 23 u. 25 12 12 13—23 34 0 u. 1 30	Sand. Schlick. Sand, Kies, Steine. Fein. Sand u. Schlickkh. Grober Sand mit Schaalenstücken. Feiner Sand. Feiner Sand. Sandiger Schlick. Grober Sand, kl. Steine, Schill. Sand und Schill. Sand. Grand mit wenig Schaalen. Feiner Sand mit oder ohne Schaalen. Sand, Musch. u. kl. St. Sand. Sand, Muschelschaalen und kleine Steine.	Von Vadsö bis zum Sund u. Kl. Belt i 7—150 F. — Shetland bis Canal, W. franz. Küste.
Mactra subtruncata DA COST. (Trigonella.) Nicht so häufig als die vorhergehende Art.	204 196 176 175 169 167 100 99, 98	Kl. Fischerbank. W v. Blaavandshuk. N v. Helgoland. SO v. Helgoland. Doggerbank.	25 15 12 und 12½ 17 u. 13 13—23	Fein. Sand m. kleinen Schlickballen. Feiner Sand mit Schaalenstücken. Feiner Sand. Sandiger Schlick. Feiner Sand mit und ohne Schaalen.	Von Finnmarken bis zum südlichsten Kattegat in 0—30 F. Shetland bis Canal. Porcupine 13—130 F. W. franz. K. Lusitanisch.
Mactra stultorum L.	199 196 175 148 157 134 99, 98 236	W v. Blaavandshuk. N v. Helgoland. NW v. Helgoland. S v. Helgoland. Vor Ter Schelling. Doggerbank Aalborgbucht.	15 12½ 14½ 17½ 10 13 6—6½	Grober Sand und feiner Sand. Feiner Sand. Sandiger Schlick. Sandiger Schlick. Sand, Schill. Feiner Sand mit und ohne Schaalen. Todtes u. leb. Seegras mit Muschelschaalen.	Von Skagen bis zur Belg. Küste. Im Kattegat bis zur Leso Rinne. Shetland bis Canal in 0—18 F. — W franz. Küste. Lusitan, Mediterran.

Artname und Litteratur.	Beobachtgs-No.	Fundort.	Tiefe in Faden.	Grund.	Geographische Verbreitung.
Syndosmya alba WOOD. (Mactra.)	44	Bei Hougesund. (frische Schaalen.)	106	Schlickig.	Von Finmarken bis Travemünde in 5-40 F. Shetland bis Canal. W. franz. Küste. Lusitan. Mediterran. Pontisch.
	169	SO von Helgoland.	17	Sandiger Schlick mit Muschelschaalen.	
	157	SW von Helgoland.	17½	Sandiger Schlick.	
	137	N v. Ter Schelling.	20	Sandiger Schlick.	
	124	Texelstromung.	10	Sandiger Schlick.	
	113	Tiefe Rinne.	23	Sand und Schill.	
Syndosmya nitida MULLER. (Mya.) S. intermedia THOMPS., F. et H.	55	Sölsvig.	100	Grauer kalkr. Schlick.	Von Finmarken bis zum Sund (Hveen) in 5-365 F. Shetland bis Canal. — Porcupine in 3-2435 F. W. franz. K. — Mediterran.
	63	Korsfjord Ausgang.	135-217	Theils Schlick, theils kleine Steine.	
	44	Hougesund.	106	Schlickig.	
	38	Naerstrand.	365	Schlick.	
	27	Vor Lindesnaes.	220	Schlick.	
	18	Skagerrak.	115	Schlick.	
	225	Desgl.	26	Schlick.	
	219	Desgl.	80	Schlick.	
	215	S von Lindesnaes.	93	Grauer schlick. Sand und kleine Steine.	
	196	W von Blaavandshuk.	15	Feiner Sand.	
	157	S von Helgoland.	17½	Sandiger Schlick.	
	136	N v. Ter Schelling.	19 u. 20	Feiner Sand und sandiger Schlick.	
	137				
	105	Silverpt.	37	Schlick.	
	92	St. Abbshead.	40	Sandiger Schlick.	
	79	c. 60 Seem. NO von Peterhead.	69	Sandiger Schlick.	
Syndosmya prismatica MONTAGU. (Ligula.) Tellina angulosa' RENIERI.	227	N von Skagen.	52	Sandiger Schlick.	Von Finmarken bis zum nördlichen Kattegat. Shetland bis Canal in 3-87 F. W. franz. K. Lusitan, Mediterran.
	225	N von Hirshals.	26	Schlick.	
	199	W von Blaavandshuk.	15	Grober Sand mit Muschelstückchen und feiner Sand.	
	196				
	175	N von Helgoland.	12½	Feiner Sand.	
	134	N v. Ter Schelling.	10 und 14½	Sand und Schill.	
	135				
	115	Tiefe Rinne.	23	Sand, Schill, Schlickballen u. kl. Steine.	
	98, 99	Doggerbank.	23--13	Sand mit und ohne Schaalen.	
	100				
Thracia praetenuis PULTEN. (Mya.) Frische aber leere Schaalen W von Hansholm No. 212 in 36 F., Sand.	61	Glaesvaer.	bis 50		Von den Lofoten bis zum nördlichen Kattegat in 10-30 F. — Shetland, Aberdeen. W. franz. K. Mediterran.
Thracia papyracea POLI. (Tellina.) Leere Schaalen: Hvidingsoe, 5½ F. Sand W v. Blaavandshuk 199 u. 195 in 15 F., feiner und grober Sand.	53	Sölsvig.	0 - 20	Steinig.	Von den Lofoten bis zum nordl. Kattegat in 10-20 F. — Shetland bis Canal. Porcupine 64-164 F. W. franz. K. Lusitan, Mediterran.
	40	Hougesund Schären.	5-20	Steinig.	
	143	N von Borkum.	16	Feiner Sand.	
	135	N von Ter Schelling.	14½	Feiner Sand mit Schaalen.	
Poromya granulata NYST & WEST. (Corbula.) Embla Korenii LOVÉ'S Ind. Moll. Sk. nd. p. 46.	44	Bei Hougesund.	106	Schlick mit Grand.	Von Finmarken bis zum Skagerrak in 40-300 F. Shetland. — Nicht weiter in der Nordsee. — Lusitan. Mediterran.
	31	Küste vor Jaderen.	106	Schlickiger Sand und kleine Steine.	
	215	S von Lindesnaes.	93		
Neaera rostrata SPENGLER. (Mya.) Leere Schaalen: bei Korsnaes in 337 F., Schlick, bei Naerstrand in 365 F., Schlick.	55	Sölsvig. Korsfjord Ausgang.	90—100 135-217	Grauer kalkr. Schlick. Theils Schlick, theils kleine Steine.	Von den Lofoten bis Bohuslän von 10—300 F. Shetland. Porcupine 85-183 F. — Mediterran.
	44	Bei Hougesund.	106		
Neaera costellata DESHAYES. (Corbula) N. Waelii NYST (Corbula), Coquilles foss. de Belg., var. longicaudata.	26	Scharen bei Mandal.	33	Steinig.	Von Bergen bis Bohuslan in 10-100 F. — Shetland. Porcupine 90-664 F. - Lusitan, Mediterran.

Artname und Litteratur.	Beob-achtgs-Nr.	Fundort.	Tiefe in Faden.	Grund.	Geographische Verbreitung.
Corbula gibba OLIVI. (Tellina.) C. nucleus LAMARCK, F. et H.	61 35 26 225 216 204 203 195 167 169 137 156 148 144 127 91	Glaesvaer. Hvidingsöe. Schären bei Cleven und Mandal. N von Hirshals. NO von Hanstholm. Kl. Fischerbank. S v. Kl. Fischerbank. W von Fanö. SO von Helgoland. SW von Helgoland. W von Helgoland. Zuidersee (jung). Bass Rock.	bis 30 5¼ 15—33 26 37 25 19-22 10 13 u. 17 17½ u. 21 14½ u. 19 4½ 24	Weisser körnig. Sand. Felsig und steinig. Schlick. Feiner Sand u. kleine Schlickballen. Feiner Sand. Sand und Schill. Schlick m.Sand u.sand. Schlick mit Schaalen. Schlickiger Sand. Sandiger Schlick Sand. Schlickiger Sand.	Von Oxfjord in Finnmarken bis Warnemünde (Ostsee?) in 3 90 F. — Shetland bis Canal. — Porcupine 3. 1470 F. W. franz. K. Lusitan. Mediterran. Pontisch.
Mya arenaria L. Mit Ausnahme von No. 126 an allen übrigen Stationen nur junge bis 1 cm. lange Exemplare; wahrscheinl'ch d rch Strömungen dahin geführt.	126 227 108 91	Zuidersee. N von Skagen. N von Yarmouth. Bass Rock.	2½ 52 12 24	Sandiger Schlick. Sandiger Schlick. Sand. Schlickiger Sand.	Circumpolar. Von Finnmarken bis zum östlichen Theile der Ostsee und hier bis 15 F. tief. In der Nordsee sublitoral, sowie in der Brackwasserregion. — Von N. Schottland bis zum Canal. — W. franz. K. bis Saint Jean de Luz.
Mya truncata L. An beiden Stationen junge Exemplare.	227 105	N von Skagen. Silverpit.	52 37	Sandiger Schlick. Schlick	Circumpolar. – Von Finnmarken bis Warnemünde in o 50 F. Shetland bis Canal. – Franz. Küste bis Ile de Ré.
Sphenia Binghami TURTON. Mya Binghami JEFFREYS Brit. Conch.	127	Zuiders. b. Enkhuizen.	4½	Sand und Schaalen.	Von Scarborough bis zum Canal. — W. franz. K. Lusitan. Mediterran.
Saxicava norvegica SPENGL. (Mya.) Panopaea norveg. F. et H. Eine linke Schaale 90 mm. lang und 58 mm. hoch mit wohl erhaltener Epidermis und Schlossband; eine rechte Schaale 70 mm. lang und 50 mm. hoch, etwas weniger frisch.	227	6 Seem. N v. Skagen.	52	Sandiger Schlick mit vielen Wurmröhren.	Circumpolar. Finnmarken, Lofoten(150F.), Trondhjemsfjord. (Leere Schaalen Bohuslän (fossil?) und bei Hellebäk, Shetland Mac ANDREW?). W-Seite der Doggerbank an der Küste von Yorkshire u. Northumberland in 30 F.
Saxicava rugosa L. (Mytilus) et arctica L. (Mya.)	59.61 47 44 40 31 225 215 201 144 105 108 94	Glaesvaer. Bergen Hafen. Bei Hougesund. Hougesund Schären. Küste vor Jaderen. N von Hirshals. S von Lindesnaes. W von Blaavandshuk. W von Helgoland. Silverpit. N von Yarmouth. O von Berwick.	5 50 bis 50 106 5 20 106 26 93 22 19 37 12 34	Steinig. Steinig. Steinig. Schlickig. Schlick. Grauer schlick. Sand. Schlickiger Sand. Sandiger Schlick. Schlick. Sand. Muscheln u. kl. Steine.	Circumpolar. Von Finnmarken bis Kiel. Shetland bis Canal. Porcupine 15 420 F. — W. franz. K. Lusitan. Mediterran.
Cultellus pellucidus PENN. (Solen.) Auf den sandig-schlickigen Gründen der Deutschen Bucht ausserordentlich verbreitet.	55 227 225 216 204 201 199 179	Solsvig. N von Skagen. N von Hirshals. NO von Hanstholm. Kl. Fischerbank. S v. Kl. Fischerbank. W von Blaavandshuk. W von Amrum.	100 52 26 37 25 22 15 9	Grauer kalkr. Schlick. Sandiger Schlick. Schlick. Feiner Sand m. kleinen Schlickballen. Schlickiger Sand. Grober Sand mit Muschelstückchen. Feiner Sand mit Muschelschaalen.	Von den Lofoten bis Kiel in 3 100 F. — Shetland bis Canal. W. franz. K. Mediterran.

Artname und Litteratur.	Beob-achtgs-No.	Fundort.	Tiefe in Faden.	Grund.	Geograph. Verbreitung.
Cultellus pellucidus PENN. (Fortsetzung.)	176	N von Helgoland.	12	Feiner Sand.	Circumpolar. — Von Finnmarken bis zum Kattegat. — Shetland bis Canal in 2—23 F. — W. franz. K. — Lusitan. Mediterran.
	175				
	157	S von Helgoland.	17½	Sandiger Schlick mit u. ohn. Muschelschaal.	
	156		bis		
	155		29		
	148	W von Helgoland.	14½ u.	Sandiger Schlick.	
	144		19		
	143	N von Borkum.	16	Feiner Sand mit Schaalen.	
	139	N v. Ter Schelling.	21 u. 19	Sandiger Schlick; feiner Sand.	
	136				
	115	Tiefe Rinne.	23	Schill m. Schlickballen und Steine.	
	105	Silverpit.	37	Schlick.	
	98	Doggerbank.	23	Feiner Sand m. wenig Muschelschaalen.	
	91	Bass Rock.	24	Schlickiger Sand.	
	79	c. 60 Seem. NO von Peterhead.	69	Sandiger Schlick.	
	77	c. 90 Seem. NO von Peterhead.	66	Sand mit Schlick.	
	251	Apenrader Bucht.	8—14	Mud und Schlick.	
Ensis ensis L. (Solen.) Ensis Linnaei DUNKER, Verzeichn. der Solenaceen. An den meisten Localitäten wurden nur jugendliche Exemplare gefischt.	215ᵃ	N von Hanstholm.	15	Sand, Kies, Steine und Schaalen.	Circumpolar. Mangasund, Bohuslän. — Shetland, Aberdeen, Scarborough. — Canal. — NK. v. Frankreich. — Madeira.
	203	S v. Kl. Fischerbank.	19—22	Feiner Sand.	
	199	W von Blaavandshuk.	15	Grober Sand mit Muschelstückchen.	
	196	Desgl.	15 u. 10	Feiner Sand mit Schaalen.	
	195				
	176	N von Helgoland.	12	Feiner Sand.	
	143	N von Borkum.	16	Feiner Sand mit Schaalen.	
	115	Tiefe Rinne.	23	Schill m. Schlickballen und Steinen.	
	104	Doggerbank.	12	Feiner brauner Sand.	
	100	Desgl.	13 23	Sand mit Muschelschaalen.	
	99, 98				
Teredo megotara HANLEY.	47	Bergen Hafen (Werft).		Aus dem Steuerruder eines alten Schiffes.	

Solenoconchia.

Dentalium entalis L. In der Nordsee diesseits der Doggerbank selten.	53.55	Sölsvig.	10—100	Steinig; in der Tiefe schlickig.	Von Finnmarken bis zum Sund in 10—200 F. — Shetland bis Doggerbank. — Porcupine 15—664 F.
	56				
	61	Glaesvaer.	bis 50		
	26	Schären bei Cleven und Mandal.	15—35	Steinig und felsig.	
	227	N von Skagen.	52	Sandiger Schlick mit vielen Wurmröhren.	
	225	N von Hirshals.	26	Schlick.	
	219	NW von Hirshals.	80	Schlick mit vielen Wurmröhren.	
	213	W von Hanstholm.	49	Sand.	
	212	Desgl.	36	Sand mit Muschelschaalen.	
	77	c. 90 Seem. NO von Peterhead.	66	Sand und Schlick.	
	79	c. 60 Seem. NO von Peterhead.	69	Sandiger Schlick.	
	91	Bass Rock.	24	Schlickiger Sand.	

Artname und Litteratur.	Beob-achtgs-Nr.	Fundort.	Tiefe in Faden.	Grund.	Geograph. Verbreitung.
Dentalium abyssorum M. SARS. Om de i Norge forekommende fossile Dyrelevninger fra Quartaerperioden pag. 42, fig. 100—105.	56 61 44 38 31 27 26 25 224 77 79	Sölsvig. Glaesvaer. Bei Hougesund. Naerstrand (leer). Küste vor Jäderen. Vor Lindesnaes (leer). Schären bei Mandal. Vor der Einfahrt nach Mandal. Skagerrak. c. 90 Seem. NO von Peterhead. c. 60 Seem. NO von Peterhead.	100 bis 50 106 365 106 220 35 60 320 66 69	Schlick. (Schlickig.) Schlick mit Grand. Schlick. Felsig und steinig. Schlick. Sand und Schlick. Sandiger Schlick.	Von Vadsö bis zum Christianiafjord in 30—300 F. — Shetland. — Porcupine 90—1476 F.
Siphonodentalium quinquangulare FORB. (Dentalium.) **pentagonum** M. SARS. Christ. Vid.-Selsk. Forh. 1864. p. 307. tab. VII. fig. 45—51.	56 63 38 224	Sölsvig. Korsfjord Ausgang. Naerstrand (leer). Skagerrak.	100 135-217 365 320	Schlickig. Theils Schlick, theils kleine Steine. Schlick. Schlick.	Von den Lofoten bis zum Christianiafjord in 25 320 F. — Porcupine 40 -725 F. — Mediterran.

Gasteropoda.

Chiton fascicularis L.	53 40	Sölsvig. Hougesund Schären.	bis 20 5—30	Steinig. Felsig und steinig.	Von Finnmarken bis Bohuslän. — Shetland bis Northumberland. — W. franz. K. — Lusitan. Mediterran.
Chiton Hanleyi BEAN. JEFFREYS Brit. Conch. III. p. 215.	44	Bei Hougesund.	106		Von Finnmarken bis Bohuslän in 35 120 F. — Shetland bis Scaborough. — Porcupine 30 345 F. Mediterran.
Chiton cinereus L. JEFFREYS Brit. Conch. asellus F. et H.	53 40 208 203 155 94 107 113	Sölsvig. Hougesund, Schären. N v. Kl. Fischerbank. S von derselben. S von Helgoland. O von Bamborough. NO von Cromer. Tiefe Rinne.	bis 20 5—20 26 19—22 29 34 15 23	Steinig. Felsig und steinig. Grober Kies. Feiner grauer Sand. Sandiger Schlick mit Muschelschaalen. Muscheln und kleine Steine. Sand mit Muscheln und kleinen Steinen. Sand und Schille.	Von Finnmarken bis zum Sunde in 0- -100 F. — Shetland bis Canal. — W. franz. K. — Lusitan. Mediterran.
Chiton albus L. *aselloides* LOWE.	53 63 62 44 40 31 83	Sölsvig. Korsfjord Ausgang. Korsnaes. Bei Hougesund. Hougesund, Schären. Küste vor Jaderen. SO von Peterhead.	20 135-217 337 106 5—20 106 30	Steinig. Theils Schlick, theils kleine Steine. Schlick. Felsig und steinig. Schlick mit Grand. Muschelschaalen mit Sand u. kl. Steinen.	Grönland, Spitzbergen. Von Finnmarken bis Bohuslän in 10—337 F. — Shetland bis Northumberland.
Chiton marginatus PENNANT. JEFFREYS Brit. Conch. III. 221.	186 170 162	Lister Rhede. Helgoland N-Hafen. Wilhelmsh. Steindeich. Strand zw. Fisherrow und Portobello.	0—1 0—4 0—1 0—1	Sand, Schaalen und kleine Steine. Steinig. Steine. Anstehendes Gestein.	Von den Lofoten bis Kiel in 0—50 F. — Shetland bis Canal. — W. franz. K. — Lusitan.
Chiton ruber (L.) LOWE. JEFFREYS B. C. III. 224.	53 40	Sölsvig. Hougesund, Schären.	0—20 5—20	Steinig. Felsig und steinig.	Circumpolar. Von Finnmarken bis zum Sund und Gr. Belt in 1 150 F. — Shetland b. Northumberland. — Lusitan.

Artname und Litteratur.	Beobachtungs Nr.	Fundort.	Tiefe in Faden.	Grund.	Geograph. Verbreitung.
Chiton laevis MONTAGU. JEFFREYS B. C. III. 226.	40	Hougesund, Scharen.	5—20	Felsig und steinig.	Von Vadsö bis in den Kattegat. – Shetland bis Northumberland. Deutsche Bucht.—Lusitan. Mediterran.
Patella vulgata L.	53 35 26 90	Sölsvig. Hvidingsöe. Schären bei Cleven und Mandal. Strand zw. Fisherrow und Portobello.		Steinig und felsig. Steine und Felsen. Steine und Felsen. Anstehendes Gestein.	Von den Lofoten bis Bohuslän. – Shetland bis Scarborough. Helgoland. Canal. W. franz. K. – Lusitan. Mediterran.
Patella pellucida L. (Patina LEACH.) Helcion pellucidum JEFFREYS B. C. III. 242.	26 170 82	Schären bei Cleven und Mandal. Helgoland. Peterhead Hafen.	1—15 2—10 1	Felsig und steinig; an Laminarien. Felsig; an Laminarien. Desgl.; an Laminarien.	Von Finnmarken bis zum südlichsten Kattegat in 1 20 F. Shetland bis Norfolk. – W. franz. K. – Lusitan.
Tectura testudinalis MÜLLER. (Patella.)	47 53	Bergen Hafen. Sölsvig. Strand zw. Fisherrow und Portobello.	0—20 0—20 0—1	Steinig. Steinig. Anstehendes Gestein.	Grönland, Island. – Von Finnmarken bis zur Kieler Bucht. – Shetland bis Yorkshire.
Tectura virginea MÜLLER. (Patella.)	47 53 40 35 170	Bergen Hafen. Sölsvig. Hougesund, Schären. Hvidingsöe. Helgoland.	0—20 0—20 5—20 0—5½ 2—10	Steinig. Steinig. Steinig. Steinig. Felsig.	Von Finnmarken bis in den Sund von 0—50 F. – Shetland bis Norfolk. – Canal. – W. franz. K. – Lusitan. Mediterran.
Tectura fulva MÜLLER. (Pat.) Pilidium fulvum F. et H.		Schären bei Cleven und Mandal.	0—35	Felsig und steinig.	Von Finnmarken bis zum Sund (Hellebak) in 10–100 F. – Shetland bis Aberdeenshire. – Helgoland (DUNKER). – Porcupine. Lusitan. 994 F.
Puncturella Noachina L. (Patella.)	53 63 26 213 83	Sölsvig. Korsfjord Ausgang. (leer.) Schären bei Cleven und Mandal. WNW v. Hanstholm. SO von Peterhead.	20 135-217 15—35 49 30	Steinig. Theils Schlick, theils kleine Steine. Felsig und steinig. Sand. Muschelschaalen mit Sand u. kl. Steinen.	Circumpolar. – Von Finnmarken bis Bohuslän in 20-250 F. – Shetland bis Scarborough. Porcupine 15–420 F.
Emarginula fissura L. (Pat.) E. reticulata SOWERBY, F. et H.	53 61 40 26	Sölsvig. Glaesvaer. Schären b. Hougesund. Schären bei Cleven und Mandal.	0—20 bis 50 5—20 0—35	Steinig. Steinig. Steinig.	Von den Lofoten bis Bohuslän in 1—100 F. – Shetland bis Yorkshire. – Canal. – W. franz. K. – Lusitan. Mediterran. – Porcupine 10 –420 F.
Capulus Hungaricus L. (Pat.) Pileopsis Hungaricus, LAMARCK, F. et H.	26 94	Cleven und Mandal, Schären (jung u. leer.) O von Berwick.	0—35 34	Steinig. Muscheln und kleine Steine.	Von Oxfjord bis Bohuslän in 10—80 F. – Shetland bis Northumberland. – Porcupine 30 180 F. – N. A. Hebriden in 170 530 F. W. franz. K. – Lusitan. Mediterran.
Scissurella crispata FLEMING.	63	Korsfjord Ausgang.	135-217	Theils Schlick, theils kleine Steine.	Grönland, Spitzbergen. Von Finnmarken bis zum Christianiafjord in 10 300 F. Shetland. – Porcupine 164 725 F. – Golfe de Gascogne 40 80 F.
Trochus (Margarita) helicinus FABRICIUS.	63	Korsfjord Ausgang. (jung.)	135-217	Theils Schlick, theils kleine Steine.	Circumpolar. – Von Finnmarken bis Bohuslän in 1 130 F. – Shetland bis Yorkshire.
Trochus (Margarita) groenlandicus CHEMNITZ. T. undulatus SOWB., F. et H.	47 53 40 35	Bergen Hafen. Sölsvig. Hougesund, Schären. Hvidingsöe.	0 0—20 5—20 0—5½	Steinig. Steinig. Steinig und weisser körniger Sand.	Grönland. – Von Finnmarken bis Hvidingsöe in 1 – 100 F. Shetland.

Artname und Litteratur.	Beob-achtgs-No.	Fundort.	Tiefe in Faden.	Grund.	Geograph. Verbreitung.
Trochus tumidus MONTAGU.	47	Bergen Hafen.	bis 50	Steinig.	Von Finnmarken bis zum Sund, Hellebäk, in 2—100 F. — Shetland bis Canal. W. franz. K. — Lusitan.
	53.61	Sölsvig u. Glaesvaer.	b.20u.50	Steinig.	
	40	Hougesund, Schären.	5—20	Steinig.	
	26	Cleven und Mandal, Schären.	15—35	Steinig.	
	157	S von Helgoland.	17½	Sandiger Schlick.	
	83	SØ von Peterhead.	30	Muschelschaalen mit Sand u. kl. Steinen.	
	102	Doggerbank.	12	Grand mit wenig Schaalen.	
	107	N von Cromer.	15	Sand mit Muscheln und kleinen Steinen.	
	113	Tiefe Rinne.	23	Sand und Schill.	
Trochus cinerarius L.	47,53 61,40 26	Wie bei vor. Art.			Von Finnmarken bis zum Grossen Belt in 1 - 30 F. Shetland bis Canal. W. franz. K. — Lusitan. Mediterran.
		Helgoland.	2 4	Felsig.	
	155	S von Helgoland.	29	Sandiger Schlick mit Muschelschaalen.	
	107	NO von Cromer.	15 u. 12	Sand mit Muscheln u. kl. Steinen: Sand.	
	108				
	90	Strand zw. Fisherrow und Portobello.	0—1	Anstehendes Gestein.	
Trochus millegranus PHILIP.	47	Bergen Hafen	bis 50	Steinig.	Von Nordland bis Bohuslän in 20 100 F. W. franz. K. — Lusitan. Mediterran.
	61	Glaesvaer.	bis 50		
	40	Hougesund. Schären.	5—20	Steinig.	
	83	SO v. Peterhead (leer).	30	Muschelsch. m. Sand und kleinen Steinen.	
Trochus zizyphinus L.	53	Sölsvig.	0—20	Steinig.	Von Finnmarken bis Bohuslän in 1 60 F. Shetland bis Canal. W. franz. K. Lusitan. Mediterran.
		Hougesd., Hvidingsoe, Mandal.	5 20	Steinig.	
	108	N von Yarmouth.	12	Sand.	
	112	Tiefe Rinne.	25 u. 35	Sand und Muschelsch.	
	113				
Trochus occidentalis MIGH. alabastrum BECK, F. et H.	61	Glaesvaer.	bis 50		Von Finnmarken bis Bergen in 25 150 F. — Shetland bis Aberdeenshire.
Lacuna divaricata FABRICIUS. (Trochus.) vincta MONTAGU, F. et H.	53	Sölsvig.	0 20	Steinig.	Circumpolar. Von Finnmarken bis zur Neustädter Bucht (Ostsee) in 1 30 F. — Shetland bis Canal. — W. franz. K.
	40	Hougesund, Schären.	5—20	Steinig.	
	35	Hvidingsoe.	0—5½	Steinig und weisser körniger Sand.	
	26	Cleven und Mandal, Schären.	bis 15 u. 35	Steinig.	
	186	Lister Rhede.	0—1	Sand, kleine Steine und Schaalen.	
	170	Helgoland.	2—4	Felsig und steinig.	
	157	S von Helgoland.	17½	Sandiger Schlick.	
	156	Desgl.	21	Schlickiger Sand.	
	82	Peterhead Hafen.	0 1	Felsig.	
	236	Aalborg Bucht.	6½	Todtes u. leb. Seegras mit Muschelschaalen.	
	246	Kleiner Belt.	26		
	251	Apenrader Bucht.	8—14	Mud und Schlick.	
Lacuna pallidula DA COSTA. (Nerita.)		Helgoland.	0—4	Felsig; Algen.	Von Finnmarken bis zur Neustädter Bucht, Ostsee, in 1 26 F. Shetland bis Northumberland. Canal bis Loire.
		Peterhead Hafen.	0 1	Felsig; Algen.	
	246	Kl. Belt.	26		
Lacuna vestita n. sp.		N von Yarmouth.	12	Sand.	
Litorina litorea L. (Turbo.)		An allen Nordseeküsten.	0—1		Grönland, Weisses Meer, Von Finnmarken bis Rügen. — Shetland bis Canal. — W. franz. K. — Lusitan. Mediterran.

Artname und Litteratur.	Beob. nchtgs Nr.	Fundort.	Tiefe in Faden.	Grund.	Geograph. Verbreitung.
Litorina rudis MATON. (Turbo.)	35	Hvidingsoe.	0	Felsen.	Spitzbergen. — Von Finnmarken bis zur westl. Ostsee. — Shetland bis Canal. W. franz. K. — Lusitan. Mediterran.
	26	Cleven und Mandal, Schären	0	Felsen.	
		Helgoland.	0	Felsen.	
		Wilhelmsh. Steindeich.	0	Steine.	
	90	Strand zw. Fisherrow und Portobello.	0	Anstehendes Gestein.	
Litorina obtusata L. (Turbo.) L. litoralis F. et H.	61	Glaesvaer.	0		Von Finnmarken bis Travemünde. Shetland b. Canal. — W. franz. K. — Lusitan.
	53	Sölsvig.	0—20	Steinig. Algen (Fucus).	
	35	Hvidingsoe.	0 $5^1{}_2$	Steinig und Algen.	
		Helgoland.	0—2	Felsen und Algen.	
	90	Strand zw. Fisherrow und Portobello.	0 1	Anstehendes Gestein. Algen.	
Rissoa reticulata MONTAGU. (Turbo.) R. Beanii HANLEY, F. et H.	53	Sölsvig.	20	Steinig.	Von Finmarken bis Bohuslän 10—300 F. — Shetland bis Canal. W. franz. K — Lusitan. Mediterran.
	40	Hougesund Schären.	40	Steinig.	
Rissoa parva DA COSTA. (Turbo.)	53	Sölsvig.	0—20	Steinig.	Von Finnmarken bis zum Kattegat in 0—40 F. Shetland bis Canal. W. franz. K. — Lusitan. Mediterran.
	59	Glaesvaer.	5—10	Steinig.	
		Helgoland.	1—10	Felsig; Algen.	
Rissoa membranacea ADAMS. (Turbo.) Turbo labiosus MONTAGU.	127	Zuidersee.	$4^1{}_2$	Sand und Schaalen.	Von Trondhjem bis zu den Belten. — Shetland bis Canal. — W. franz. K. — Lusitan. Mediterran.
Rissoa rufilabrum LEACH. (Persephona.) F. et H., SCHWARZ v. MOHRENSTERN Fam. der Rissoiden p. 50.	236	Aalborgbucht.	$6^1{}_2$	Todt. u. leb. Seegras mit Muschelschaalen.	Von Finnmarken (R. perifera LOVÉN) bis zu den Belten in 1 -40 F. — Shetland. — Canal. — W. franz. K. — Lusitan. Mediterran.
	246	Kl. Belt.	26		
Rissoa striata ADAMS. (Turbo.)	53	Sölsvig.	0—20	Steinig.	Circumpolar. Von Finnmarken bis Kiel in 0 -50 F. — Shetland bis Canal. N v. Hebriden 170—530 F. — W. franz. K. — Lusitan. Mediterran.
Rissoa abyssicola FORBES. R. sculpta PHIL., LOVÉN.	63	Korsfjord Ausgang.	135-217	Theils Schlick, theils kleine Steine.	Von den Lofoten bis Bohuslän in 40—300 F. — Shetland. — Golfe de Gascogne 41—75 F. — Lusitan. Mediterran.
Rissoa octona L. (Helix.) MEYER et MÖBIUS, Fauna der Kieler Bucht II. 36.	246	Kl. Belt.	26		Scheint dem Ostseegebiete bis zu den Belten eigenthümlich.
	251	Apenrader Bucht.	8 14	Mud und Schlick.	
Hydrobia ulvae PENNANT. (Turbo.) MEYER et MÖBIUS, Fauna der Kieler Bucht II. 36.	35	Hvidingsoe.	0—1	Weisser körniger Sand, Steine und Algen.	Von Finnmarken bis zum östl. Theile der Ostsee und hier bis zu 20 F. Tiefe. — Shetland bis Canal. — W. franz. K. Lusitan. Mediterran. Pontisch.
		Helgoland Dünne. (DUNKER.)	0	An angespülten Fucus und anderen Algen.	
		Ostfries. Marschküste. (METZGER.)	0—1	Schlick und Sand; Fluthtümpel des bewachsenen Vorlandes.	
Skenea Planorbis FABRICIUS. (Turbo.)		Helgoland.	0—1	Felsen mit Algen.	Grönland. — Von Finnmarken bis Bohuslän in 0—10 F. — Shetland bis Canal. W. franz. K. — Lusitan. Mediterran.
Turritella ungulina L. (Turb.) S. W. T. terebra L. F. S., non S N.) COLUM TIS KISO, F. et H.	26	Mandal, Scharen.	0—35	Steinig.	Von den Lofoten bis zum Sunde in 3 100 F. Shetland bis Canal. W. franz. K. Lusitan. Mediterran. — Porcupine 10—422 F.
	227	N von Skagen.	52	Sandiger Schlick mit vielen Wurmröhren.	
	225	N von Hirshals.	26	Schlick.	
	204	Kl. Fischerbank (leer).	25	Feiner Sand m. kleinen Schlickballen.	
	169	SO v. Helgoland.	17	Sandiger Schlick mit Muschelschaalen.	
	137	N von Ter Schelling.	20	Sandiger Schlick.	

Artname und Litteratur.	Beob-achtgs-Nr.	Fundort.	Tiefe in Faden.	Grund.	Geographische Verbreitung.
Turritella ungulina L. (Fortsetzung.)	83	SO von Peterhead.	30	Sand, Muschelschaalen und kleine Steine.	
	85	Firth of Forth Eing.	30		
	79	c. 60 Seem. NO von Peterhead.	69	Sandiger Schlick.	
Scalaria clathrus L. (Turbo.) F. S. ed. 1. S. N. ed. 10. (nec S. N. ed. 12.) S. communis LAMARCK.	40	Hougesund, Schären.	20	Steinig.	Von Bergen bis zum Gr. Belt (Lokal) in 5 40 F. — Shetland bis Canal. — W. franz. K. — Lusitan. Mediterran.
	94	O v. Berwick (leer).	34	Muschelschaalen und kleine Steine.	
	113	Tiefe Rinne.	23	Sand und Schill.	
Scalaria Trevelyana LEACH.	26	Mandal, Schären.	35	Steinig.	Von Christiansund bis zum nordl. Kattegat in 30 -100 F. Shetland bis Doggerbank und Scarborough. Golfe de Cascogne, — Mediterran.
	225	N von Hirshals. (leer, aber frisch.)	26	Schlick.	
	79	c. 60 Seem. NO von Peterhead.	69	Sandiger Schlick.	
Turbonilla rufa PHILIPPI. (Melania.) var. fulvocincta THOMPSON. (Turritella.) Chemnitzia fulvoc, F. et H.	26	Mandal, Scharen.	0—35	Steinig.	Von Christia- sund bis in den Kattegat in 10—60 F. — Shetland bis Doggerbank.
Stilifer Turtoni BRODERIP. Phasianella stylifera TURTON.	84	SO von Peterhead.	50	Auf Echinus; Sand u. Muschelschaalen.	Von Finnmarken bis Bohuslän. Shetland bis Scarborough in 20—80 F. — W. franz. K. — Lusitan,
Eulima polita L. (Turbo.)	40	Hougesund. Schären.	5—20	Steinig.	Von den nordl. Lofoten bis Bohuslän In 10 80 F. — Shetland, NO Schottland. — Canal. — W. franz. K. — Lusitan. Mediterran.
Eulima stenostoma JEFFREYS.	38	Naerstrand.	365	Schlick.	Von den Lofoten bis Christianiafjord in 60 305 F. — Shetland bis NO Schottland. Porcupine 64 290 F.
	79	c. 60 Seem. NO von Peterhead.	69	Sandiger Schlick.	
Natica affinis GMELIN. N. clausa SOWERBY.	63	Korsfjord Ausgang.	135-217	Theils Schlick, theils kleine Steine.	Circumpolar. Von Finnmarken und Lofoten in o 300 F. — Bis Christiania-f rd in 30 500 F. Porcupine 203—664 F. — Mediterran. 1412 F.
	44	Bei Hougesund (leer).	106	Schlickig.	
	31	Küste vor Jaderen.	106	Schlick mit Grand.	
Natica catena DA COSTA. (Cochlea.) N. monilifera LAMARCK, F. et H.	229	O von Skagen.	6	Feiner Sand mit Schaalen.	Vom Skagerrak und nordl. Kattegat (Laes-o Rinne) bis zum Canal in 3 20 F. Ebenso von Shetland b's zum Canal. — W. franz. K. - Lusitan. Mediterran.
	195	W von Fanoe.	10	Sand mit Schill.	
	99	Doggerbank.	13	Sand m. Muschelsch.	
	100				
	113	Tiefe Rinne.	23	Sand und Schill.	
Natica Alderi FORBES. nitida F. et H. patchella Risso, LOVÉN. Index Moll. Skand. Auf den sandigen Gründen der Deutschen Bucht von c. 5 Faden an die häufigste Schnecke; die vorhergehende Art N. catena ist weniger häufig und geht auch nicht so tief wie Alderi.	59, 61	Glaesvaer.	5 50	Steinig.	Von den Lof ten Lis Kullen und S. mso in 5 80 F. Shetland Lis Can. l. W. franz. K. Lusit, n, Mediterran.
	40	Hougesund, Schären.	5—20	Steinig.	
	35	Hvidingsoe.	5¹/₄	Weisser körniger Sand und Steine.	
	26	Mandal und Cleven. Schären.	bis 35	Steinig.	
	229	O von Skagen.	6	Feiner Sand mit Schaalen.	
	227	N von Skagen.	52	Sandiger Schlick mit vielen Wurmröhren.	
	225	N von Hirshals.	26	Schlick.	
	219	NW von Hirshals.	80	Schlick.	
	216	W von Hirshals.	37		
	204	Kl. Fischerbank.	25	Feiner Sand u. kleine Schlickballen.	
	201	S v. Kl. Fischerbank.	22	Schlickiger Sand.	
	199	W v. Blaavandshuk.	15	Grober Sand mit Muschelstucken.	
	195	W von Fanoe.	10	Sand mit Schill.	
	177	N v. Helgoland.	10¹/₂ u. 12¹/₄	Feiner Sand.	
	175				

Artname und Litteratur.	Beob- achtgs- Nr.	Fundort.	Tiefe in Faden.	Grund.	Geographische Verbreitung.
Natica Alderi FORBES. (Fortsetzung.)	157	SW von Helgoland.	17½	Sandiger Schlick.	
	156	S v. Helgoland.	21 u. 29	Schlickiger Sand und	
	155			sandiger Schlick mit Muschelschaalen.	
	145	N von Borkum.	19½	Sandiger Schlick ohne	
	144			und mit Schaalen.	
	136	N von Ter Schelling.	19 u. 10	Feiner Sand ohne und	
	134			mit Schaalen.	
	113	Tiefe Rinne.	23	Sand und Schill.	
	111	SO v. Yarmouth.	16	Kleine Steine.	
	104	Doggerbank.	12	Feiner brauner Sand.	
	100	Desgl.	13—23	Sand m. Muschelsch.	
	98				
	91	Bass Rock.	24	Schlickiger Sand.	
	83	SO von Peterhead.	30	Sand, Muschelschaalen und kleine Steine.	
Natica Montagui FORBES.	56,61	Sölsvig u. Glaesvaer.	bis 50	Steinig.	Von Finnmarken bis zum
	63	Korsfjord Ausgang.	135-217	Theils Schlick, theils kleine Steine.	südl. Kattegat in 3 250 F. Shetland bis Doggerbank. — Porcupine 30—584 F.
	44	NW von Hougesund.	106	Schlickig.	
	40	Hougesund, Schären.	5—20	Steinig.	
	225	N von Hirshals.	26	Schlick.	
	219	NW von Hirshals.	80	Schlick.	
	213	W von Hanstholm.	49 u. 36	Sand.	
	212				
	79	c. 60 Seem. NO von Peterhead.	69	Sandiger Schlick.	
Natica grönlandica BECK. MÜLLER Ind. Moll. Grönl. pusilla F. et H.	55	Sölsvig.	90—100	Steinig und schlickig.	Circumpolar. — Von Finnmarken bis zum Sund in 0 80 F. Shetland bis Yorkshire und Doggerbank.
	63	Korsfjord Ausgang. (jung.)	135-217	Theils Schlick, theils kleine Steine.	
	227	c. 60 Seem. N von Skagen.	52	Sandiger Schlick mit vielen Wurmröhren.	
	94	O von Berwick.	34	Muschelschaalen und kleine Steine.	
Natica islandica GMELIN. (Nerita.) helicoides JOHNSTON, F. et H. An beiden Stationen leer, aber vollkommen frisch.	212	W v. Hanstholm.	36	Sand und Schaalen.	Circumpolar. — Von Finnmarken bis zum südl. Kattegat in 20—50 F. — Shetland bis Scarborough.
	40	Hougesund, Schären.	5—20	Steinig.	
Velutina laevigata PENNANT. (Helix.)	61	Glaesvaer.	bis 50	Steinig.	Circumpolar. — Von Finnmarken bis Kiel in 1 100 F. Shetland bis Canal. W. franz. K. - Lusitan. N v. Hebriden in 170 530 F.
	53	Sölsvig.	bis 50	Steinig.	
	40	Hougesund, Schären.	5 20	Steinig.	
	31	Küste vor Jaderen.	106	Schlick mit Grand.	
	107	Küste von Norfolk.	15 u. 12	Sand mit Muscheln u. kl. Steinen; Sand.	
	108				
Torellia vestita JEFFREYS. Brit. Conch. IV. 244.	44	NW von Hougesund.	106	Schlickig.	Shetland ein todtes Exemplar. - Porcupine (Lusitan.) 994 F.
	31	Küste vor Jaderen.	106	Schlick mit Grand.	
Trichotropis borealis BRODERIP et SOWERBY. Leer und mehr oder weniger verwittert bei Korsfjord Ausgang 63 in 135 217 F. WNW v. Hanstholm 213 in 49 F., Sand.	27	Vor Lindesnaes.	220	Schlick.	Circumpolar. — Von Finnmarken bis zum Skagerrak in 10 -220 F. — Shetland bis Doggerbank. N von Hebriden in 530 F.
	40	Hougesund, Schären. (frisch, aber leer.)	5—20	Steinig.	
Admete viridula FABRICIUS. (Tritonium.) Admete crispa MOLLER, Index Moll. Grönl. Leere Gehäuse bei Korsfjord Ausgang 63 in 135 217 F. WW v. Hege und 44 in 106 F. Vor Lindesnaes 27 in 220 F. Skagerrak 224 in 320 F. 11 v. Skagen 225 in 61.	31	Küste vor Jaderen.	106	Schlick mit Grand.	Grönland. Von Finnmarken bis Christianiafjord in 20 300 F. — N v. Hebriden 550 F. Porcupine 114 420 F. — Lusitan. 994 F.

Artname und Litteratur.	Beob-achtgs-Nr.	Fundort.	Tiefe in Faden.	Grund.	Geograph. Verbreitung.
Aporrhais pespelecani L. (Strombus.) Leere Gehäuse an viel. Stationen, z. B. Solsvig, Glaesvaer, Hvidingsoe, Hougesund Schären, NW v. Hirshals, Deutsche Bucht, Doggerbank.	229 200 94	O v. Skagen. W v. Blaavandshuk. Firth of Forth. O von Berwick.	6 18 30 34	Feiner Sand mit Schaalen. Sand. Schlickiger Sand. Muscheln u. kl. Steine.	Von Finnmarken bis zum Sund und Gr. Belt in 5 100 F. Shetland bis Canal. — Porcupine 10—422 F. — W. franz. K. Lusitan. Mediterran.
Aporrhais Macandreae JEFFREYS. Brit. Conch. IV. 253. A. pescarbonis F. et H. Leere abgerollte Gehäuse bei Solsvig 55 in 90-100 F., Schlick Hvidingsoe Strand, ganz jung.		79 c. 60 Seem. NO von Peterhead.	69	Sandiger Schlick.	Lofoten 250 F. Bergen bis Hvidingsoe. Shetland bis Nord-Schottland in 40—85 F. — W. franz. K.
Cerithium metula LOVÉN. Index Moll. Skand. p. 23.		31 Küste vor Jäderen.	106	Schlick mit Grand.	Von Finnmarken bis zum Christianiafjord in 50—500 F. — Shetland. Porcupine 114 à 2 F.
Cerithium reticulatum DA COSTA. (Strombiformis retic.)		53 Sölsvig. 40 Hougesund, Schären. Cleven und Mandal, Schären.	0—20 5—20 0—35	Steinig. Steinig. Steinig.	Von den Lofoten bis Kiel in 0—70 F. — Porcupine 3—74 F.
Lacocochlis Pommeraniae nov. gen. et sp.		31 Küste vor Jäderen. 44 NW von Hougesund. (leer, aber frisch.)	106 106	Schlick mit Grand. Schlickig.	
Triforispeversa L. (Trochus.) Cerithium perversum JEFFREYS, Brit. Conch C. adversum F. et H. Triforis perv. MEYER et MÖBIUS, Fauna der Kiel. B. II. 43.		245 Kl. Belt bei Fanoe.	16—10	Todtes Seegras.	Von Christiansund bis Kiel in 10—70 F. — Shetland bis Aberdeenshire. — Canal. — W. franz. K. — Lusitan. Mediterran. Pontisch.
Purpura lapillus L. (Buccin.)		53 Sölsvig. 35 Hvidingsoe. 26 Mandal. Strand zw. Fisherrow und Portobello. Helgoland.	0—1 0—1 0—1 0—1 0—1	Felsen und Steine. Desgl. Desgl. Anstehendes Gestein. Felsen.	Circumpolar. — Von Finnmarken bis Kyllen in 0 10 F. — Shetland bis Scarborough. Canal. W. franz. K. Lusitan.
Buccinum undatum L. var. zetlandica. B. zetlandicum FORBES.		79 c. 60 Seem. NO von Peterhead. An allen Nordseeküsten.	69	Steinig, schlickig, sandig. Sandiger Schlick.	Circumpol. r. — Von Finnmarken bis Warnemünde in 0—150 F. — Shetland bis Canal. — W. franz. K. bis Azoren. Var. zetland. Finnmarken, Christiansund (Melantho), Bergen, Bohuslän. Shetland, NO Schottland.
Murex erinaceus L. Leere Gehäuse: Tiefe Rinne 113 in 23 F., Sand und Schill.		108 N von Yarmouth. 111 SO von Yarmouth.	12 16	Sand. Kleine Steine.	Kattegat, Loven. — Von Northumberland bis zum Canal. W. fr. tz. K. Lusitan. Mediterran. Pontisch.
Trophon barvicensis JOHNSTON. (Murex.) Leere Gehäuse: Solsvig in 100 F., Schlick Glaesvaer in 50 F. — W v. Hanstholm 212 in 36 F., Sand und Schaalen.		31 Küste vor Jaderen. 215 S von Lindesnaes.	106 93	Schlick mit Grand. Grauer Schlick. Sand und kleine Steine.	Von Finnmarken bis Bohuslän bis Yorkshire u. Doggerbank. Porcupine 15—458 F.
Trophon truncatus STRÖM. (Buccinum.) F. clathratus F. et H. (non Murex clathratus L.)		215 NW von Hanstholm. 213 Desgl. 108 N von Yarmouth. 113 Tiefe Rinne. 8 Grosser Belt.	93 49 12 23 24	Grauer schlick. Sand und kleine Steine. Sand. Sand. Sand und Schill. Harter Sand.	Grönland. Skagerrak bis in den Sund und die Belte. — Shetland bis Canal in 2—50 F. — N v. Hebriden 189 u. 530 F.
Trophon clathratus L. (Mur.) var. Gunneri. Tritonium Gunneri LOVÉN, Index.		44 NW von Hougesund. 31 Kuste vor Jäderen.	106 106	Schlickig. Schlick mit Grand.	Circumpolar. Von Finnmarken bis zum Skagerrak in 10—150 F.

Artname und Litteratur.	Beob- acht.gs- No.	Fundort.	Tiefe in Faden.	Grund.	Geographische Verbreitung.
Fusus antiquus L. (Murex.)	227	6 Seemeilen N von Skagen.	52	Sandiger Schlick mit vielen Wurmröhren. Sand,Muschelschaalen u. kl. Steine.	Von Finnmarken bis W. enc. münde. - Shetland bis zur engl. Südostku te. W. franz. K. bis Arcachon.
	83	SO von Peterhead.	30		
	85	Firth of Forth Eing.	30		
	87	Desgl.	22		
Fusus gracilis DA COSTA. (Buccinum.) F. islandicus F. et H.	79	c. 60 Seem. NO von Peterhead.	69	Sandiger Schlick.	Von Finnmarken bis zum Kattegat in 30 100 F. Shetland bis zum Canal, W. franz. K. bis Arcachon. — N v. Hebriden in 170— 530 F.
	83	SO von Peterhead.	30	Sand,Muschelschaalen und kleine Steine.	
	84	Desgl.	50	Sand u. Muschelsch.	
	85	Firth of Forth Eing.	30		
	94	O v. Bamborough Castel.	34	Muscheln und kleine Steine.	
	97	Westl. Abhang der Doggerbank.	36	Fester Sandgrund.	
Fusus propinquus ALDER.	215	S von Lindesnaes. (jung.)	93	Grauer schlick. Sand und kleine Steine.	Von Finnmarken bis Kullen und Hellebak in 20 250 F. — Shetland bis Yorkshire. — N v. Hebriden 180 530 F.
	79	c. 60 Seem. NO von Peterhead.	69	Sandiger Schlick.	
	81	c. 30 Seem. NO von Peterhead. (jung.)	50	Feiner Sand.	
	85	Firth of Forth Eing.	30		
Fusus Moebii nov. sp.	31	Küste vor Jaderen.	106	Schlick mit Grand.	
Fusus Jeffreysianus FISCHER.	85	Firth of Forth Eing.	30		Sud-England. W. franz. Küste.
Fusus Berniciensis KING.	44	NW von Hougesund. (jung.)	106	Schlickig.	Vadsö 140 F. Lofoten, Christiansund. Shetland bis Yorkshire, N v. Hebriden 180 550 F. — Arcachon.
Nassa reticulata L. (Buccin.)	229	O von Skagen.	6	Feiner Sand mit Schaalen.	Von Bejan (Trondhjem) bis Kiel in 0 30 u. 70 F. — Shetland bis Canal. — W. franz. K. — Lusitan. Mediterran. — Pontisch.
	245	Kleiner Belt.	16 10	Todtes Seegras.	
	251	Apenrader Bucht.	8—14	Mud und Schlick.	
Nassa incrassata STRÖM. (Buccinum.) Leere und abgerollte Gehäuse: N v. Hirtsh ls 225 in 26 F., Schlick NW v. Hanstholm 213 in 49 F., Sand NO v. Cromer 107 in 15 F., Sand, Schaalen und kleine Steine — Bass Rock 91 in 24 F., schlick, Sand.	47	Bergen Hafen.	bis 50	Steinig.	Von Finnmarken bis zum südlichsten Kattegat in 0 60 F. Shetland bis Canal. W. franz. K. bis Pontisch.
	59	Glaesvaer.	5—10	Steinig.	
	40	Hougesund, Schären.	5—20	Steinig.	
	35	Hvidingsoe.	0 5½	Weisser körniger Sand und Steine.	
Nassa pygmaea LAMARCK. (Ranella.) Leere und abgerollte Gehäuse: O v. Skagen 229 in 6 F., Sand - N v. Skagen 227 in 52 F., sand. Schlick.	26	Cleven und Mandal, Schären.	15—35	Steinig.	Von Norwegen bis zum Sand in 4 -100 F. — W. franz. K. bis Pontisch.
Columbella nana LOVÉN. Tritonium? nanum Index Moll. Skand. p. 12. Mangelia nana, F. et H.	44	NW von Hougesund. (leer, aber ganz frisch und unversehrt.)	106	Schlickig.	Finnmarken, Christiansund 30—40 F., Drobak 50 60 F. Shetland. N v. Hebriden 189 F.
	224	Skagerrak(wievorher).	320	Schlick.	
Defrancia linearis MONTAGU. (Murex.) Mangelia linearis, F. et H. Leer und mehr oder weniger abgerollt bei 229 O. v. Skagen in 6 F., Sand 53 Solvig in 5 10 F., steinig.	213	WNW v. Hanstholm.	49	Sand.	Finnmarken, Lofoten bis Bohuslän in 10 80 F. — Shetland bis Doggerbank. W. franz. K. Lusitan. Mediterran.
Pleurotoma carinata BIVONA. JEFFREYS Brit. Conch. V. 221.	44	NW von Hougesund.	106	Schlickig.	Finnmarken, Lofoten, Christiansund, Bergen in 50 - 300 F. — Shetland 120 F. -- Mediterran, 1412 F.

Artname und Litteratur.	Beob-achtgs-Nr.	Fundort.	Tiefe in Faden.	Grund.	Geographische Verbreitung.
Pleurotoma rufa MONTAGU. (Murex.) Mangelia (Bela) rufa F. et H.	108 111	N von Yarmouth. SO von Yarmouth.	12 16	Sand. Kleine Steine.	Finnmarken. Aberdeen-share bis Canal. W. franz. K. Med'terran.
Pleurotoma turricula MON-TAGU. (Murex.) Mangelia turr. F. et H.	39,61 44 229 16 216 196 195 181 175 156 98 100 107 113 91	Glaesvaer. NW von Hougesund. O von Skagen. W von Läsoe. W von Hirshals. W von Fanoe. Desgl. W von Sylt. N von Helgoland. S von Helgoland. Doggerbank. NO von Cromer. Tiefe Rinne. Bass Rock.	10—50 106 6 8 37 15 10 8 12½ 21 23—13 15 23 24	Steinig. Schlickig. Feiner Sand mit Schaalen. Sand u. Muschelsch. Feiner Sand mit Schaalenstücken. Sand mit Schill. Feiner Sand. Feiner Sand. Schlickiger Sand. Sand mit Muschel-schaalen. Sand mit Muscheln und kleinen Steinen. Sand und Schill. Schlickiger Sand.	Grönland. — Finnmarken is Warnemünde (Ostsee) in 5—150 F. Shetland bis Canal. W. franz. K. bis Arcachon. Porcupine: Lusitan. 994 F.
Pleurotoma Trevelyana TUR-TON. Mangelia Trev. F. et H. Leer und algerollt bei 227 N v. Skagen in 53 F., sand. Schlick.	44 31 91	NW von Hougesund. Küste vor Jaderen. Bass Rock.	106 106 24	Schlickig. Schlick mit Grand. Schlickiger Sand.	Grönland, Spitzbergen. — Von Finnmarken bis in den Sund in 10—400 F. - Shetland bis Doggerbank an der Yorkshire-Küste.
Cypraea europaea MONTAGU.	40 108	Hougesund, Schären. N von Yarmouth.	5—20 12	Steinig. Sand.	Von Trondhjem bis Bohus-lin in 0—100 F. Shet-land bis Canal. — N von Hebriden 189—530 F. — W. franz. K. - Lusitan. Mediterran.
Cylichna cylindracea PEN-NANT. (Bulla.) Leere mehr oder weniger frische Gehäuse bei No. 31, Küste vor Jaderen in 106 F., Schlick mit Grnd — 225 N v. Hirshals in 26 F., Schlick — 70 NO v. Peter-head in 69 F., sand. Schlick — 135 N v. Ter Schelling in 14½ F., Sand.	44 215 201 148 144 91	NW von Hougesund. S von Lindesnaes. W v. Blaavandshuk. NW von Helgoland. N von Borkum. Bass Rock.	106 93 22 14½ 19 24	Schlickig. Grauer schlick. Sand. Schlickiger Sand. Sandiger Schlick. Sandiger Schlick. Schlickiger Sand.	Circumpolar. — Von Vadso bis zum Kattegat, Aalbak-bucht, in 12—100 F. Shetland bis Canal. - W. franz. K. Lusitan. Medi-terran.
Cylichna umbilicata MON-TAGU. (Bulla.)	79	c. 60 Seem. NO von Peterhead.	69	Sandiger Schlick.	Lofoten 40—300 F. bis Bo-huslän. — Shetland bis Dog-gerbank. W. franz. K. — Lusitan. Mediterran.
Utriculopsis vitrea M. SARS. Bidrag II til Kundskab om Christianiafjordens Fauna p. 65.	55 63 38	Sölsvig. Korsfjord Ausgang. Naerstrand. (leer, aber frisch.)	100 135-217 365	Grauer kalkr. Schlick. Theils Schlick, theils kleine Steine. Blaugrauer Schlick.	Lofoten b's Christianiafjord in 50—500 F.
Acera bullata MÜLLER.	35 26	Hvidingsoe. Cleven und Mandal. Scharen.	0—5½ 0—35	Weisser körnig. Sand, Steine. Steinig.	Von Finnmarken bis Kiel in 1—20 F. W. franz. K. Lusitan. Mediterran.
Actaeon tornatilis L. (Voluta.) Tornatella fasciata F. et H. Leere mehr oder weniger frische Gehäuse: W v. Hirshals 216 in 37 F. — Bass Rock 91 in 24 F., schlick. Sand — Tiefe Rinne 113 in 23 F., Sand und Schill.	227 225 196	N von Skagen. (jung.) N von Hirshals. W von Fanoe.	52 26 15	Sandiger Schlick mit vielen Wurmröhren. Schlick. Feiner Sand mit Schaalenstücken.	Lofoten bis Kullen u. Helte-läk in 10—50 F. Shet-land bis Can. l. W. franz. K. Lusitan. Mediterran.
Scaphander librarius LOVÉN. Index Moll. Skand. p. 10.	55 44 31	Sölsvig. NW von Hougesund. Küste vor Jaderen.	100 106 106	Grauer kalkreicher Schlick. Schlickig. Schlick mit Grand.	Von Finnmarken bis Chri-stianiafjord in 50—300 F. — Shetland, N. v. Hebriden 189 F. Porcupine 290—1203 F.

Artname und Litteratur.	Beob-achtgs-No.	Fundort.	Tiefe in Faden.	Grund.	Geograph. Verbreitung.
Scaphander librarius LOVÉN. (Fortsetzung.)	27 20	Vor Lindesnaes. (leer, aber frisch.) Skagerrak. (leer, aber frisch.)	220 294	Graublauer Schlick. Dunkelgrauer Schlick.	
Philine scabra MÜLLER.(Bulla.)	63 38 225	Korsfjord Ausgang. Naerstrand. N von Hirshals.	135-217 365 26	Theils Schlick, theils kleine Steine. Schlick. Schlick.	Lofoten bis Sand, Hveen in 3—300 F. Shetland bis Scarborough u. Doggerbank. W. franz. K. Lusitan. Mediterran. — Porcupine 25 542 F.
Philine catena MONTAGU. (Bulla.)	91	Bass Rock.	24	Schlickiger Sand.	Lofoten, Christianiafjord 50—60 F. — Shetland bis Scarborough. -- Canal. — W. franz. K. --- Lusitan. Mediterran.
Philine quadrata SEARLES WOOD. (Bullaea.)	55 44 26 225 216	Sölsvig. NW von Hougesund. Cleven und Mandal, Scharen. N von Hirshals. W von Hirshals.	100 106 15--35 26 37	Schlick. Schlickig. Steinig. Schlick.	Circumpolar. Finnmarken bis Kattegat u. Sund, Hveen, in 20—500 F. Shetland bis Doggerbank. — Porcupine 420—1215 F.
Philine aperta L. (Bulla.)	216	Mandal Schären.	0—35	Steinig.	Bergen bis Kiel in 0—50 F. — Shetland bis Canal. -- W. franz. K. — Lusitan. Mediterran.

Cephalopoda.

Loligo vulgaris LAMARCK. Eierbüschel mit entwickelten Embryonen.	215a	N von Hansthohn.	15	Sand, Kies, Steine u. Muschelschaalen.	Bergen bis zur Ostsee, Travemünde. — Aberdeenshire bis Canal. — W. franz. K. Mediterran.
Sepiola Rondeleti LEACH.	63 97	Korsfjord Ausgang. Westl. Abhang der Doggerbank.	135-217 36	Theils Schlick, theils kleine Steine. Fester Sand u. Grund.	Grönland. - Bergen bis Bohuslän. -- Shetland bis Canal. — W. franz. K. Mediterran.

II. Beschreibung der neuen Arten und Bemerkungen über einzelne der gesammelten Mollusken.
Bearbeitet von W. DUNKER und A. METZGER.

Conchifera.

Ostrea edulis L.

Die Austern vor dem ostfries. und holländischen Inselzuge sind gross und schwer; ihre in der Regel sehr dicken Schaalen haben eine rundliche bis quadratische Form, hervorgebracht durch die grössere oder geringere flügelartige Ausbreitung des vorderen Seitenrandes der convexen Schaalenklappe. Exemplare von 135 mm. Breite, 118 bis 125 mm. Länge und 32 mm. Höhe sind durchaus nicht selten. Sie finden sich bald mehr, bald weniger zerstreut zwischen 18 bis 23 Faden Tiefe auf einem schlickig-sandigen und zumeist auch schilligen Grunde. Diese Austergründe beginnen mit einem schmalen Streifen südwestlich von Helgoland, Station 157. ziehen sich von hier aus nordwestlich bis Station 144 und 145 und bilden von da ab einen 2 bis 3 geogr. Meilen breiten Strich, der sich westlich bis über den Meridian der Insel Ter Schelling hinaus erstreckt. Die Fauna ist hier im Vergleich zu derjenigen der übrigen Sand- und Schlickgründe der deutschen Bucht viel mannigfaltiger. Vergleiche hierüber METZGER, Faunistische Ergebnisse der im Sommer 1871 unternommenen Excursionen im Anhange des Berichtes über die Expedition zur Untersuchung der Ostsee p. 169.

Pecten varius L. var. alba.

Junge Exemplare des P. varius sind rücksichtlich der Färbung sehr variabel, weniger aber in Form und Beschaffenheit der Rippen. Die vorherrschende Farbe ist braunroth, welche oft in's Purpurfarbige übergeht. Besonders ausgezeichnet sind schwefelgelbe und orangefarbige Varietäten; selten kommt er ganz weiss vor. Ein solches Exemplar fand sich SO von Yarmouth. Station 111, in 16 Faden auf Sandgrund. Wie auch WEINKAUFF,

Conch. des Mittelm. I. p. 249, bemerkt, ist diese weisse Varietät nicht mit Pecten niveus MAC GILLIVRAY zu verwechseln. Die beiden Exemplare, welche uns von dieser letztgenannten Art aus dem Canal vorliegen, haben das eine 45, das andere 47 Rippen, während die Zahl an einer grossen Reihe von Exemplaren des P. varius, die wir aus verschiedenen Gegenden der Nordsee und des Mittelmeeres besitzen, nur zwischen 25 und 30 variirt. Auch die Form beider ist verschieden, P. niveus stets breiter.

Pecten sinuosus GMELIN.

Ein bei Sölsvig, Station 56, gefischtes Exemplar von 28 mm. Länge und 26 mm. Breite ist mit seiner ganzen unteren Schaale im Innern eines von Bohrschwämmen durchlöcherten Bruchstückes der Cyprina islandica fest gewachsen und trägt lange hin- und hergebogene Hohlschuppen.

Man nimmt fast allgemein an, dass der P. pusio (Ostrea), LINNE's Mus. Lud. Ulr. p. 529: testa radiis 40 filiformibus uniaurita, CHEMNITZ, Vol. VII, fig. 635. 636, Ostrea multistriata POLI, Tab. 28, fig. 14, dieselbe Art sei, die sich nur mehr oder weniger unregelmässig ausbilde, wenn sie auf anderen Körpern festsitze. Wenn wir nun auch die vorliegende Art nach ihrem ganzen Organismus für einen Pecten halten und der Gattung Hinnites nicht anreihen — Hinnites giganteus GRAY zeigt eine ganz andere Schlossbildung —, so können wir doch den P. pusio des Mittelmeeres nicht für dieselbe Art halten; denn alle Exemplare, die uns von dieser Muschel aus dem Mittelmeer und auch vom Cap, woselbst sie häufig ist, vorliegen, zeichnen sich durch sehr ungleiche Ohren aus — daher auch LINNE's testa uniaurita —. Das dem Byssusausschnitt gegenüberliegende Ohr ist verhältnissmässig noch kleiner als bei P. varius, dessen junge Exemplare auf den ersten Blick an P. pusio erinnern, wogegen bei der Muschel aus der Nordsee, gleichviel ob aufgewachsen und spondylusartig oder frei, die Ohren von fast gleicher Grösse zu sein pflegen, abgesehen von anderen Unterschieden. Auch wäre es in der That doch sehr auffallend, dass diese Muschel nur in der Nordsee an anderen Körpern sich festsetzen sollte, während der Pecten pusio unseres Wissens weder im Mittelmeere noch auch am Cap jemals festgewachsen gefunden worden ist

Pecten islandicus O. F. MÜLLER.

Südlicher als Bergen ist P. islandicus lebend nicht beobachtet. Die Pommerania fischte ein lebendes Exemplar von geringen Dimensionen, 38 mm. lang, 24 mm. breit, bei Glaesvaer am Korsfjord in 50 Faden Tiefe. Fossile Schaalenreste dieser Art wurden SO von Peterhead, Station 83, in 30 Faden Tiefe angetroffen und zwar von 85 mm. Länge bei 77 mm. Breite. Das gleiche fossile und verwitterte Aussehen wie P. islandicus zeigten noch folgende mit demselben Schleppnetzzuge aufgebrachte Schaalen: Astarte sulcata, var. elliptica BROWN, Tellina calcarea CHEMN., Pectunculus glycimeris L. und Scaphander lignarius L.

Mytilus edulis L.

Eine verhältnissmässig kurze, sehr dickschaalige und geschwollene Form wurde im Hafen von Bergen gesammelt. Die stumpfen Wirbel stehen weiter auseinander als gewöhnlich; der Bauchrand ist gerade oder doch nur sehr wenig einwärts gekrümmt, der Hinterrand convex; die Anwachsstreifen sind durch starke Furchen abgesetzt, namentlich auf der Mitte jeder Schaalenklappe, wo die Wölbung oder Anschwellung am betrachtlichsten ist. Die Länge erreicht in keinem der vorliegenden Exemplare das Doppelte der Breite und die Dicke ist der Breite fast gleich. Das kürzeste und das längste Exemplar zeigen nachfolgende Dimensionen: Länge $\frac{62}{49}$ mm. Breite $\frac{34}{35}$ mm. Dicke (Querdurchmesser vom höchsten Punkte der Wölbung der einen Klappe bis zu dem nämlichen der entgegengesetzten) $\frac{35}{33}$ mm.

Diplodonta rotundata MONTAGU. (Tellina.)

Eine einzige ziemlich frische Schaalenhälfte dieser in der Nordsee sonst nicht vorkommenden Muschel wurde zwischen Yarmouth und Holland in der sog. tiefen Rinne, Station 113 in 23 F. Tiefe gefischt.

Cardium edule L.

Auf den Sandbänken (Plaaten) des ostfriesischen Wattenmeeres bleibt C. edule ausserordentlich klein; 24 mm. Länge bei 26 mm. Breite und 17 mm. Dicke sind die gewöhnlichsten Dimensionen. Der Umfang dieser als var. minor zu bezeichnenden Form ist fast kreisförmig; die Wirbel sind nur wenig nach vorn gerückt; Zahl der Rippen 21 bis 24. Auf schliekigem Grunde wird die Muschel ungleichseitiger, die Hinterseite länger, die Rippen an dieser Seite weniger ausgeprägt; die Wirbel liegen mehr nach vorn und stehen in der Regel auch starker vor. Die Dimensionen sind etwas grösser, gewöhnlich 27 mm. Länge, 28 mm. Breite und 22 mm. Dicke. Wird meist für die var. rustica CHEMNITZ gehalten, indessen ist sie auf den ostfriesischen Watten durchaus nicht dünnschaaliger als die var. minor, welche offenbar mit dem Cardium belgicum DE MALZINE identisch ist. An der norwegischen und schottischen Küste wird C. edule sehr gross; bei Sölsvig und auf dem Strande von Fisherrow wurden Exemplare gesammelt von 42 bis 45 mm. Länge, 46 bis 50 mm. Breite und 31 bis 35 mm. Dicke, wahre Riesen im Vergleich zu den kleinen Formen des ostfries. Strandes.

Astarte borealis CHEMNITZ.

Ein einziges leeres, aber frisches und geschlossenes Exemplar, 22,5 mm. breit, 20 mm. lang und 10,4 mm. dick, wurde ca. 50 Seemeilen westlich von Hanstholm, Station 212, in 36 Faden Tiefe auf Sandgrund gefischt. Die Form ist runder und viel bauchiger als bei denjenigen, welche uns aus der Apenrader und Kieler Bucht vorliegen. Die Wirbel sind nur sehr wenig ausgenagt und die ganz unverletzte Epidermis ist seidenglänzend. Auf ein fossiles Vorkommen zu schliessen, widerspricht dem ganzen Aussehen der Muschel. Nach DANIELSSEN ist sie lebend bei Bergen gefunden und wir vermuthen, dass sie längs der Ränder der tiefen norwegischen Rinne, die noch so wenig mit dem Schleppnetz untersucht ist, bis zum Skagerrak verbreitet ist. Wie wichtig die genaue Erforschung dieser tiefen, das südliche Norwegen umgebenden Rinne in Beziehung auf die Frage von der Herkunft der arktischen Arten der südskandinavischen Fauna ist, beweisen die Resultate der wenigen Netzzüge, welche hier von der Pommerania ausgeführt sind. Natica affinis GMEL. bisher nicht südlicher als bei Bergen und dann wieder ohne intermediäre Fundorter im Christianiafjord lebend beobachtet, ist in der tiefen Rinne bei Hougesund, Station 44 und dann vor Jäderen, Stat. 31, in lebenden Exemplaren angetroffen; Torellia vestita an denselben Stationen; Malletia (Yoldia) obtusa SARS, bislang nicht südlicher als Bergen und Hardangerfjord bekannt, ist südlich bis vor Lindesnäes, Stat. 27, nachgewiesen u. s. w.; kurz, das seit LOVEN, ASBJÖRNSEN und SARS so bekannt gewordene Vorkommen arktischer Arten im Christianiafjord und in der Tiefe vor Bohuslän ist und wird noch gegenwärtig durch die tiefe norwegische Rinne vermittelt und kann sonach gewiss in den meisten Fällen ohne Hülfe der Glacialperiode erklärt werden.

Tapes edulis CHEMNITZ.

CHEMNITZ hat diese Art zuerst genau abgebildet und als Venus edulis beschrieben, Conch. Cab. VII. T. 43. Fig. 457. 458; es muss ihr daher dieser Name verbleiben. Es ist die virginea einiger Engländer und Anderer, aber nicht LINNE. s. cfr. Syst. Nat. ed. XII. p. 1136. Die LINNE'sche Art kommt von den Philippinen und ist ganz verschieden. Auch CHEMNITZ protestirt schon gegen die Identität beider. Die Hauptsynonyme sind Venus virginea GMELIN Syst. Nat. ed. XIII. — Venus rhomboides PENNANT = Cuneus fasciatus DA COSTA = Capsa virginea LEACH — Venus virago LOVEN. Eine etwas höhere Varietät ist Tapes sarniensis TURTON.

Die grössten Exemplare kommen an der norweg. Küste vor. Auf Hvidingsoe, Station 35, wurden einige gesammelt, die folgende Dimensionen haben: 64,5 mm. breit, 44 mm. lang und 26 mm. dick. Aehnliche Dimensionen giebt LOVEN im Index Moll. Skand. Exemplare von der englischen und schottischen Nordseeküste, sowie aus dem Mittelmeere sind durchgehends kleiner und haben einen weniger convexen Hinterrand.

Tellina calcarea CHEMNITZ.

Eine rechte Schaale SO von Peterhead, Station 83, in 30 Faden Tiefe mit Pecten islandicus u. s. w.

Tellina tenuis DA COSTA.

Mit Tellina fabula eine der gemeinsten Muscheln auf den Sandgründen der Deutschen Bucht von 3 bis 10, seltener bis 15 Faden Tiefe und darüber. Auf der Pommeraniafahrt wurden nur leere Schaalen gefischt und zwar an der tiefen Rinne zwischen Yarmouth und Holland. Station 115, in 23 Faden; ferner Stat. 120 in 12½ Faden, Stat. 135 in 14¼ und Stat. 158 in 10 Faden. — Beide Arten sind als Fischnahrung wichtig.

Mactra solida L.

Ausserordentlich dickschaalig und gross, 40 mm. lang, 48 mm. breit und 25 mm. dick, in der Strandregion von Fisherrow, Stat. 90. Die hintere Seitenfläche ist neben den vorstehenden Wirbeln stark eingedrückt, übrigens fast eben und der Rand gerade. Die vordere Seitenfläche ist ebenfalls vor den Wirbeln eingedrückt, der Rand aber convex und allmählich in den Unterrand übergehend. Farbe schmutzig weiss mit wenig Glanz. Diese grosse dickschaalige und bauchige Form kommt in der Deutschen Bucht nicht vor. Alle von hier und von den schilligen Sandgründen der Doggerbank vorliegenden Exemplare sind flacher und breiter, durchschnittlich 26 bis 32 mm. lang, 38 bis 41,5 mm. breit und 16 bis 19 mm. dick. Die Wirbel sind wenig vorstehend und beide Seitenränder convex, der hintere steiler und länger als der vordere. Farbe gelblich, stark glänzend.

Ensis magnus SCHUMACHER.

Essai d'un nouv. Système etc. p. 143. T. 14. f. 1 — Solen seliqua CHEMN. IV. f. 29. — Solen ensis var. Spengl. — Ensis falcata GRAY. Wird gewöhnlich als Solen siliqua L. aufgeführt, welcher jedoch gestreckter ist und nie die bedeutende Grösse erreicht. GWYN JEFFREYS bringt diese Art im dritten Bande seiner Brit. Conchology p. 18 zu Solen ensis L., im Supplemente des fünften Bandes p. 190 zu S. siliqua L. Auf dem Strande von Fisherrow wurde ein fast fusslanges leeres und beschädigtes Exemplar gesammelt. Leere, aber frische Schaalen von jugendlichen Exemplaren an der sog. tiefen Rinne zwischen Yarmouth und Holland, Station 115, in 23 Faden und N. von Hansthulm, Station 215.a in 15 Faden.

Neaera cuspidata OLIVI (Tellina).

Eine einzelne Schaale dieser von Spitzbergen bis zum Aegäischen Meere verbreiteten Art wurde bei Glaesvaer, Stat. 61, in 50 Faden Tiefe gefischt.

Saxicava arctica et rugosa L.

Viele der heutigen Conchyliologen betrachten LINNÉ'S Mytilus rugosus, Solen minutus, Mya arctica und Mytilus pholadis, sowie MONTAGU'S Mytilus praecisus u. s. f. als Varietäten ein und derselben Species, die sie als Saxicava rugosa L. bezeichnen; andere halten dagegen die specifische Verschiedenheit, wenigstens von S. rugosa und arctica noch aufrecht. So soll nach PAUL FISCHER, Faune conch. du dep. de la Gironde. S. rugosa nur in Lochern oder Spalten leben und in Felsen oder Steinen bohren, Saxic. arctica dagegen sich mit ihrem Byssus frei an untermeerischen, selbst flottirenden Körpern befestigen und durch die Wellen bestandig hin und her bewegt werden; zudem ist arctica mehr ungleichschaalig und besitzt Schlosszähne, während rugosa mehr gleichschaalig ist und keine Schlosszähne hat. Mit unserer Erfahrung stimmt dies insoweit überein, als alle Individuen, welche sich frei oder doch nicht in beengenden und hinderlichen Spalten oder Löchern entwickeln, regelmässig auf der Hinterseite ihrer Schaalen zwei Kiele mit stachelartigen Hohlschuppen zeigen und in jeder Klappe einen Schlosszahn besitzen; alle anderen aber, welche sich zwischen einengenden Hindernissen, Laminarienwurzeln, Corallina etc. entwickeln, entweder gar keine Kiele oder doch nur Andeutungen derselben zeigen und nur in der Jugend Schlosszähne besitzen. Da indessen Uebergange zwischen beiden Formen, namentlich bei jugendlichen Exemplaren vorkommen, so sind beide als zu einer Art gehörig anzusehen Es scheint uns aber am natürlichsten, hierbei von der sich frei entwickelnden Form als Species auszugehen und die übrigen als Anpassungsformen, d h. als Varietäten, die sich ihrem besonderen Standorte accomodirt haben, zu betrachten. Ein ähnliches Verfahren wird ja auch bei Tapes pullastra und der var. perforans beobachtet. — Was die verschiedenen Gattungsnamen betrifft, so ist wohl von allen Saxicava der entsprechendste. Dies Genus wurde von FLEURIAN DE BELLEVUE 1802 gegründet — Hiatella DAUDIN ebenfalls 1802 = Diodonta SCHUMACHER 1817 = Byssomya CUVIER gleichfalls 1817.

Teredo norvegica SPENGLER.

Reste der gekammerten Scheide dieser Bohrmuschel fanden sich mehrfach auf dem Grunde des Hafens von Cleven bei Mandal.

Gasteropoda.

Patella pellucida L.

Ist wohl als Typus der Gattung Patina LEACH zu betrachten, welche sich von Nacella SCHUMACHER durch eine andere Bezahnung der Radula und durch die vorn unterbrochene Kiemenreihe unterscheidet. Vergleiche W. H. DALL, on the Limpets, Amer. Journ. of Conch. Vol. VI. Part. 3. 1871. Die Gattung Helcion MONTFORT ist von den Gebrüdern ADAMS für die am Cap sehr häufig vorkommende Patella pectinata v. BORN angenommen. LINNÉ'S P. pectinata ist eine sehr zweifelhafte Art und gehört keinesfalls zu pectinata BORN.

Ausser der dünnschaaligen fast regelmässig elliptischen Form, der ächten Patella pellucida LINNÉ'S, wurde an der norweg. Küste und im Hafen von Peterhead noch eine andere dickschaalige breitere und minder regelmässige Form beobachtet, die auch auf den Seehundsklippen bei Helgoland an Laminarien vorkommt. Sie wird gewöhnlich für eine breitere Varietät der pellucida gehalten, scheint aber nach unserer Ansicht eine besondere Art zu sein, welche sich constant durch die Lage des Wirbels und durch die Struktur der Schaale von pellucida unterscheidet. In der Beschaffenheit der Radula liess sich ein Unterschied nicht constatiren.

Emarginula crassa SOWERBY.

Ein abgerolltes, 20mm. langes, 16mm. breites und 8mm. hohes Exemplar wurde zwischen den Schären bei Hougesund, Station 40, gefischt. Ist an der norweg. Küste von Trondhjem bis Bohuslän verbreitet, sodann bei den Shetlandinseln und an der W-Küste Schottlands. In der Nordsee diesseits und jenseits der Doggerbank kommt sie nicht vor.

Lacuna crassior MONTAGU (Turbo).

Zwei sehr grosse, von Bernhardskrebsen bewohnte Gehäuse, 15,3 mm. lang und wahrscheinlich fossil wurden SO von Yarmouth, Stat. 113, mit Bruchstücken von Rhynchonella psittacea und einzelnen Schaalen von Astarte sulcata var. elliptica BROWN aus 23 Faden Tiefe aufgebracht.

Lacuna vestita nov. spec.

Testa ovato-conica, solidula, subpellucida, pallide flava, epidermide cornea lamellosa vestita, anfractibus quinis convexiusculis, ultimo magno reliquis duplo fere majore instructa, apex obtusiusculus; apertura oblique ovata basim versus paullulum expansa, labrum acutum simplex ab epidermide involutum. — Alt. 7. lat. 4.5 mm. Diese in drei vollkommen übereinstimmenden Exemplaren vorliegende Schnecke erinnert in mancher Beziehung an Lacuna tenella JEFFREYS (später als eigene Gattung Hela abgetrennt), unterscheidet sich jedoch von ihr durch beträchtlichere Grösse, minder bauchige Umgänge und daher weniger tiefe Naht, abweichenden Umriss der Mündung und die starke blattrige Epidermis, welche sich zu scharfen und ganz randigen mehr oder minder regelmässig verlaufenden Längsfalten erhebt, deren man am letzten Umgange 20 bis 22 zählt. Unter der Epidermis ist die Schaale gelblich weiss, glänzend und zeigt ausserst feine Spirallinien, die an der Basis des letzteren Umganges am deutlichsten sind und unter der Loupe feinwellig erscheinen. Ein Nabelritz oder Canal ist nicht vorhanden.

Fundort: Küste von Norfolk, Station 108, in 12 Faden auf Sandgrund.

Litorina obtusata L. (Turbo).

Bezüglich der Färbung dieser an allen felsigen Nordseeküsten gemeinen Art verdient hervorgehoben zu werden, dass die rein gelb gefärbten oder gelben mit dunklern Zickzackbinden gänzlich bei Helgoland fehlen; alle von dort stammenden Stücke sind stets dunkelbraun, zuweilen olivengrün mit violblauer Mündung, selten mit einer orangefarbigen Binde, häufiger mit Zickzacklinien.

Auf der Doggerbank, Station 102, fanden sich leere, zum Theil von Bernhardskrebsen bewohnte Gehäuse von rothgelber Färbung mit dunklen Zickzackbinden. Wahrscheinlich durch Strömungen und durch die genannten Krebse nach dieser weit vom nächsten Meeresufer entfernten Stelle verschleppt; vielleicht auch möglich, dass die Art auf der Doggerbank noch lebt und einst mit Cardium edule, das nach JEFFREYS ebenfalls hier vorkommt, der Strandzone der ohne Zweifel hier vorhanden gewesenen aber allmählich versunkenen Inseln angehörte.

Rissoa rufilabrum LEACH.

Die Rissoa porifera LOVÉN, Index Moll. Skand. p. 24 scheint sich wesentlich nur durch eine etwas kleinere und zartere Schaale zu unterscheiden. JEFFREYS verbindet rufilabrum und porifera mit violacea Desmarest (punctata Pot. et Mich.) aus dem Mittelmeer, die zwar verwandt, aber doch in mehrfacher Hinsicht verschieden ist.

Rissoa octona L.

JEFFREYS, Brit. Conch. vol. IV. p. 53, führt diese Schnecke als Varietät der Hydrobia ulvae PENN. auf, ebenso WEINKAUFF in seinem 1873 erschienenen Catalog der im europäischen Faunengebiet lebenden Meeres-Conchylien. Inzwischen haben jedoch MEYER und MÖBIUS, Fauna der Kieler Bucht, II. Bd. p. 31, überzeugend nachgewiesen, dass die Schnecke gar nicht in die Gattung Hydrobia gehört, sondern eine echte Rissoa ist, welche wohl der Rissoa membranacea ADAMS am nächsten verwandt ist. Die Anmerkung WEINKAUFF's, l. c. p. 21, dass MÖRCH diese Ostseeschnecke als Hydrobia stagnalis BASTER aufführe, beruht wohl auf einem Irrthum. So viel wir aus der Synopsis Moll. marin. Daniae ersehen können, ist sie daselbst als Rissoa membranacea ADAMS, var. d. R. octona "L." MOHRENSTERN aufgeführt; MÖRCH hält vielmehr LINNE's Helix octona für die auch von WEINKAUFF aufgeführte Hydrobia ventrosa Montag. JEFFREYS, allerdings eine gute Art, auf welche auch nach unserer Ansicht BASTER's Turbo stagnalis zu beziehen ist.

Hydrobia ulvae PENNANT.

Gross und dickschaalig auf dem nach der Fluth ausgesetzten und noch nicht vollständig begrünten Vorlande der ostfriesischen Marschen, 7½ und 8 mm. lang mit 8 Windungen; dünnschaalig und kleiner in den stark salzigen Gräben des eingedeichten Marschlandes. Die leeren Gehäuse sammeln sich in den Fluthtümpeln nach und nach zu zollhohen Schichten an.

Turritella ungulina L.

Turbo terebra MONTAGU, TURTON, Turritella terebra JEFFREYS. Wir halten diese gemeine Nordseeschnecke für den achten Turbo ungulinus L. Obschon L. im Syst. Nat. und in der Fauna Suec. sagt: habitat in Oceano Europaeo, so deuten doch die citirten Abbildungen auf die grosse ostindische Art, Cochlea Archimedis infinita, CHEMN. X. p. 299. Für den T. ungulinus wird ebenfalls der Oceanus Europaeus angegeben.

Unter den bei Portobello aufgelesenen Turritellen fand sich ein Exemplar welches der Turritella triplicata BROCCHI = imbricata PHIL. non LAMARCK entspricht, eine Form, die nach R. LEUCKART auch bei Helgoland gefunden ist.

Scalaria Turtonae TURTON (Turbo Turtonis).

Ein einzelnes leeres und abgerolltes Gehäuse auf der Doggerbank, Station 101, in 12 Faden auf Schill- und Sandgrund; ebenso N von Borkum, Station 144 und W von Blaavandshuk, Station 199. Scheint innerhalb der Nordsee eine sehr lokale Verbreitung zu haben. Die nördlichsten Fundörter sind Bergen und Aberdeen.

Natica affinis GMELIN.

Auf das Interesse, welches die Fundörter in der tiefen norwegischen Rinne beanspruchen, haben wir bereits oben bei Astarte borealis aufmerksam gemacht. Alle im Korsfjord, bei Hougesund und vor Jaderen gesammelten Exemplare sind klein, das grösste ist 9 mm. lang und 8mm breit. Nach M. SARS erreicht diese Art bei Finnmarken eine Länge von 20mm, fossil in den Glacialschichten Norwegens sogar bis 32°.

Torellia vestita JEFFREYS.

Die Epidermis frischer Exemplare zeigt ein gitterförmiges Aussehen, hervorgebracht durch dicht stehende feine Spiral- und Längsfalten. Während die ersteren alle von gleicher Stärke sind, bemerkt man unter den letzteren stärker hervortretende, welche zu Anfang des letzten Umganges durch 3 bis 4, weiter nach dem Mundungsrande hin durch 7 bis 8 schwächere Falten getrennt sind. Auf den Kreuzungspunkten der Spiral- und Längsfalten bildet die Epidermis jedesmal ein abstehendes Haar, länger und dicker auf den stärkeren, feiner und kürzer auf den schwächeren Falten. Beobachtungen über das lebende Thier liessen sich leider nicht anstellen; die in Spiritus aufbewahrten sind weisslich bis grau, haben eine cylindrische Schnauze und kurze dicke Fühler, an deren Grunde die schwarzen Augen liegen, für die eine Anschwellung oder Hervorragung als Träger derselben nicht bemerkt werden konnte. Die Radulaformel ist 2. 1. 1. 1. 2. Tab. VI. Fig. 6. Die Basis des Mittelzahnes ist viel breiter als die Krone, deren Seitenränder bei günstigem Licht und hinreichender Vergrösserung eine sehr schwache Crenulirung zeigen. Im Ganzen wurden 5 lebende und 2 todte Exemplare gefischt, 4 der ersteren bei Hoegesand, Station 44, in 106 Faden, die übrigen vor Jaderen, Station 31, in derselben Tiefe. Alle haben 5 Windungen und sind von geringeren Dimensionen, als JEFFREYS, Brit. Conch. vol. IV. p. 244 angiebt; das grösste ist 10mm lang und fast 11mm breit, wahrscheinlich also, wie auch der noch weit offene Nabel anzudeuten scheint, noch nicht völlig ausgewachsen.

Lathyrus albellus nov. spec. Tab. VI. Fig. 4.

Testa fusiformis cinerea vel albida, anfractibus semi-septenis modice convexis sutura distincta divisis, per longitudinem plicato-costatis transversimque aequaliter striatis instructa; anfractus ultimus spira paulo longior, anfractus embryonalis submamillatus oblique tortus; apertura oblonga; labrum internum laevigatum; columella torta obsoleteque biplicata; canalis apertus subcurvus. — Long. 18, diam. max. 7½; mill.

Unter den fossilen wie lebenden Schnecken wussten wir keine einzige, die der gegenwärtigen so nahe stände, dass man sie damit vergleichen konnte. Leider sind nur vier leere Exemplare gefischt, die zudem ein subfossiles Ansehen haben. In Rücksicht auf Lage und Beschaffenheit der Spindelfalten erinnern dieselben an einige Arten der Cancellariden, wie z. B. an Narona clavatula SOW.; in der Form des Gehäuses stimmen sie dagegen am meisten mit Lathyrus (Latirus) MONTFORT überein. Allem Anschein nach durfte es gerathen sein, für diese eigenthümliche Art ein neues Genus zu errichten; wir schlagen dafur zu Ehren des um die Erforschung der Kieler Bucht so hoch verdienten H. A. MEYER den Namen Meyeria vor.

Fundort: die tiefe norwegische Rinne vor Hougesund, Stat. 44 und vor Jaderen, Stat. 31, in 106 Faden auf schlickigem Grund, sowie vor Lindesnaes, Stat. 27, in 220 Faden.

Nachträgliche Bemerkung. Nachdem wir die vorstehende Art zugleich mit Fusus Moebii und Lacocochlis Pommeraniae in dem Nachrichtsblatt No. 1 1874 und in den Jahrbuchern der deutschen malakozoolog. Gesellschaft II. Heft 1874 mit Abbildungen veröffentlicht hatten, erhielten wir von Herrn GWYN JEFFREYS eine briefliche Mittheilung, nach der Tritonium pusillum M. SARS und Latirus albus JEFFREYS mit unserer Art identisch sein sollen. Eine Beschreibung oder Diagnose des von SARS in Christiania Vid.-Selsk. Forhandl. 1858 p. 39 nur dem Namen nach als wahrscheinlich neue Art aufgeführten Trit. pusillum ist unseres Wissens nicht vorhanden, ebenso wenig eine Beschreibung des Latirus albus JEFFREYS. Auf die Abbildung (Holzschnitt) des Latirus albus in W. THOMSON's Depthes of the Sea 1873 p. 464 wurden wir erst durch JEFFREYS Mittheilung aufmerksam gemacht, da wir conchyliologische Novitäten in diesem, allerdings ausgezeichneten, aber doch populär naturwissenschaftlichen und für ein grosses Publikum bestimmten Werke nicht vermutheten. Ob diese Art und Weise der Veröffentlichung von neuen Arten gerechtfertigt erscheint, überlassen wir dem Urtheile der Fachgenossen. Nach der citirten Abbildung zu schliessen, scheint allerdings JEFFREYS' Latirus albus dieselbe Art zu sein, wie unser Lathyrus albellus.

Lacocochlis Pommeraniae nov. gen. et spec.
Tab. VI. Fig. 3.

Testa sinistrorsa, acuminato-turrita, unicolor alba, tenuicula, subpellucens, anfractibus XII aequaliter convexis, transversim costatis et liratis, sutura profunda divisis instructa; anfractus embryonales per longitudinem plicati; apertura subrhombea a canaliculo brevi lato et aperto paullulum torto terminata; columella laevis subrecta; labrum internum leviter sulcatum. Long. 22, diam. max. 7 mill.

Diese Schnecke ähnelt auf den ersten Blick sehr einer Turritella, doch endigt die Mundung mit einem offenen breiten, etwas gekrümmten, aber nicht in die Höhe gerichteten Canal, der an Cerithium erinnert. Das frische Gehäuse ist mit einer äusserst feinen Epidermis bekleidet, welche an der Sutur der unteren Umgänge etwas faltenartig vortritt und die Naht bedeckt, so dass es dadurch den Anschein gewinnt, als griffen die Windungen etwas übereinander. Ueber die gleichmässig gewölbten, durch eine tiefe Naht getrennten Windungen laufen fünf spirale Leisten von ziemlich gleicher Stärke und unter der Loupe bemerkt man zarte die Spiralreifen rechtwinklig schneidende Wachsthumslinien. Die Embryonalwindungen tragen dichte Längsfältchen.

Die Farbe des in Spiritus aufbewahrten Thieres ist gelblich. Die kegelförmigen Fühler überragen das Schnauzenende nur wenig und sind weit von einander entfernt an den Seiten des cylindrischen Kopfes inserirt; sie tragen am Grunde auf kugeligen Anschwellungen die kleinen schwarzen Augen. Die Mundöffnung ist vertikal und links und rechts mit einer dunkelbraunen Kieferplatte bewaffnet. Diese fast vierseitigen Platten sind aus unregelmässig-prismatischen Chitinkörperchen zusammengesetzt und erscheinen daher auf ihren Seitenflächen 4- bis 7seitig getafelt; ihr nach unten zurückweichender Vorderrand ist wegen der vortretenden Spitzen der Prismen mehr oder weniger gezähnt. Radulaformel 2. 1. 1. 1. 2. Tab. VI. Fig. 3a. Der Mittelzahn, kaum grösser als der Zwischenzahn, mit ausgerandeter Basis und flügelartig erweiterten Seiten; seine umgebogene Krone läuft vorn in ein kleines Spitzchen aus. Der linke und rechte Zwischenzahn ist bis zur Krone fast rhombisch mit spitz vorgezogener unterer Aussenecke; die schief nach der Mittellinie umgebogene Krone gleicht einem sphärischen Dreieck. Die beiden Seitenzähne jederseits sind schmal, hakenförmig und wie alle übrigen an ihren Kronenrändern ohne Spur von Zahnelung. Die Radula ist lang — wir zählten 70 Glieder — und ihre Endpapille weit hinter der Mundmasse gelegen. Der Mantel zeigt an der rechten Seite eine sehr kleine Falte als Andeutung eines Sipho. Die Kiemen bemerkten wir nur eine, ihre Blättchen sind dreieckig bis trapezförmig. Der Fuss erscheint vorn abgerundet. Der Deckel ist hornig, dünn und deutlich spiral gereift.

Die Beschaffenheit der Kiemen, d e rudimentäre Mantelfalte und der schnauzenförmige, cylindrische Kopf mit den weit von einander getrennten Fühlern verweisen unser Thier offenbar in die Familie der Cerithiaceen; indessen vermögen wir nach der Eigenthümlichkeit des Gehäuses keine der uns bekannten Arten damit zu verbinden und betrachten daher dasselbe als den Typus einer neuen Gattung. Unter den fossilen Cerithien gehört wohl Cerithium sinistratum Nyst von Antwerpen, sowie das ebenfalls linksgewundene C. granosum Wood aus dem rothen Crag hierher.

Fundort: In der tiefen norweg. Rinne vor Jäderen, Stat. 31, in 106 Faden auf Schlickgrund 1 lebendes Exemplar und weiter nördlich bei Hougesund, Stat. 44, in gleicher Tiefe zwei leere Gehäuse.

Nachträgliche Bemerkung. Nach der inzwischen eingegangenen, bereits vorhin erwähnten brieflichen Notiz von Herrn Gwyn Jeffreys soll unsere Art mit Triforis Macandreae H. Adams und Cerithium granosum S. Wood identisch sein, wovon uns indessen weder die dürftige von Adams gegebene Diagnose in Proceed. of Zoolog. Soc. 1856. p. 1, noch die Abbildung von S. Wood in Palaeont. Soc. 1840, pl. VIII, fig. 9. hinreichend überzeugen können. Auch Tirforis nivea Sars (an T. Mac Andrei Ad.?), ausgezeichnet durch sehr schmale fadenförmig-erhabene Spirallinien, von welchen 4 auf der verletzten Windung, Christiania Vid Selsk. Forhandl 1858 p. 85, scheint nahe verwandt zu sein. — Sollte sich bei direkter Vergleichung die Ansicht von Jeffreys bestätigen, so bleibt die generische Trennung dennoch gerechtfertigt. Das für Cerithium perversum angenommene Genus Triforis hat, wie Meyer und Mobius nachgewiesen haben, eine gänzlich anders gebildete Radula, deren Zahnformel durch die Zahlen 4. 1. 1. 1. 4. wieder gegeben wird. Die Radulaformel der übrigen uns in dieser Beziehung bekannten Cerithien stimmt zwar mit der von Lacocochlis überein $- 2.^0 1. 1. 1. 2.$, allein sämmtliche Zähne, selbst die haken- oder sichelförmigen Seitenzähne, besitzen einen zackigen oder stark gezähnten Kronenrand, wovon bei Lacocochlis keine Spur vorhanden ist; ausserdem weicht sowohl die Mündung als auch die ganze Sculptur des Lacocochlis-Gehäuses zu auffallend von derjenigen der typischen Cerithien ab.

Buccinum undatum L.

Eine sehr auffallende als var. pygmaea zu bezeichnende Zwergform des nach der Beschaffenheit des Aufenthaltsortes so sehr wandelbaren Wellhornes fand sich zwischen den Schären bei Hougesun I, Station 40, in 5—20 Faden Tiefe. Das vollkommen ausgewachsene Gehäuse mit 7 bis 8 Windungen ist nur 26 mm lang und fast 13 mm breit. Die Mündung ist kürzer als das Gewinde, 12 mm hoch und der Sinus der Aussenlippe recht schwach. Die Langsfalten der unteren Umgänge treten verhältnissmässig stark hervor und erscheinen durch die starken Spiralrippen mehr oder weniger knotig. Die Farbe des ziemlich dünnschaaligen Gehäuses ist hellbraun oder weisslich mit braunen, bindenartig gruppirten Flecken; Mündung und Spindel gelblich-weiss, glänzend.

Eine andere ebenfalls sehr ausgezeichnete Form, Buccinum zetlandicum FORBES, wurde im offenen Meere östl. von N-Schottland bei Station 79 in 69 Faden Tiefe auf sandig-schlickigem Grunde angetroffen. Das einzige vorliegende Exemplar ist noch nicht vollständig ausgewachsen, 51 mm. lang und 24 mm. breit. Das sehr dünnschaalige zarte Gehäuse ist ohne Längsfalten, die Mündung kürzer als das schlanke Gewinde. Die Sculptur besteht aus feinen dichten Spiral- und Längslinien, durch deren Kreuzung die Oberfläche ein gitterförmiges Aussehen gewinnt. Die Epidermis ist dünn und ahmt die darunter liegende Sculptur nach. Farbe unter der Epidermis weisslich. Mündung und Spindelfläche heller, letztere fast perlmutterartig glänzend. Ob vielleicht nicht doch eine gute Art? Uebergänge zu B. undatum, wovon in der DUNKER'schen Sammlung eine grosse Reihenfolge vorhanden ist, haben wir bisher noch nicht beobachtet. Für die specifische Trennung könnte auch die Beschaffenheit der Radula, welche wir auf Tab. VI, Fig. 5 abgebildet haben, in Anspruch genommen werden, wenn dieselbe nicht etwa nur eine individuelle Abweichung darstellt, wie sie so häufig gerade bei Buccinum vorkommt. Nach MEYER und MÖBIUS, Fauna der Kieler Bucht, Bd. II. p. 50, variirt die Zahl der kammförmigen Zahnspitzen des Mittelzahnes zwischen 3 und 7, die Zahl der Zacken der Seitenzähne zwischen 2 u. 4 und ist diese letztere bei ein und demselben Individuum rechts und links verschieden. Dass diese Abweichungen durchaus nicht auf Altersverschiedenheiten zurückzuführen sind, haben wir an der vorhin erwähnten Zwergform von Houge nd erfahren. Die einem vollständig ausgewachsenen Exemplare der var. pygmaea entnommene Radula hat auf der Krone des Mittelzahnes 5 gleich grosse kegelförmige Zahnspitzen und am Seitenzahne rechts und links drei Zacken, von denen die mittelste kleinste von der Aussenzacke durch eine weite und tiefe Bucht getrennt ist; bei einem unausgewachsenen nur 18mm. langen und 9mm. breiten Exemplar derselben Form zeigte der Mittelzahn der Radula dagegen sechs Zahnspitzen, von denen die an der Ecke stehenden durchweg etwas kleiner sind als die 4 mittleren. Der Seitenzahn der linken Seite hat wie beim vorhergehenden Exemplare in allen Gliedern drei Zacken, derjenige der rechten Seite aber in den vorderen 30 Gliedern vier, hervorgebracht durch eine Spaltung der Mittelzacke; diese Spaltung wird vom 30. Gliede an allmählich geringer und unbedeutender und verschwindet beim 38. bis 40. Gliede vollständig, so dass von hier ab ein Unterschied zwischen dem rechten und linken Seitenzahn nicht mehr vorhanden ist.

Eine dem Buccinum striatum PENNANT nahe kommende dünnschaalige Form von geringen Dimensionen (39mm. lang, 20mm. breit) wurde bei Skagen, Station 227, in 52 Faden auf sandigem Schlickgrund gefischt. Die schwachen Längsfalten des Gewindes sind am letzten Umgange gänzlich verschwunden; die Spiralrippen sind wenig ausgeprägt und die feinen Längslinien wellig-kraus. Die Mündung ist länger als das Gewinde. Die Epidermis bildet dicht stehende regelmässig gewimperte Längsfältchen. Die Radula hat am rechten und linken Seitenzahn 4 Zacken und die Krone des Mittelzahnes trägt 6 Spitzen, von denen die an der Ecke eine breitere Basis haben als die vier mittleren.

Eine zu var. pelagica (KING) zu zählende Form mit kurzer Mündung und langem Gewinde fand sich mehrfach an der Schottischen Küste SO von Peterhead, Station 83, in 30 Faden Tiefe, doch nur in nicht sehr grossen Exemplaren (82mm. lang). Die auf den schlickigen Sandgründen der deutschen Bucht lebende Form entspricht der var. littoralis (KING); sie ist noch verhältnissmässig dickschaalig mit mehr oder weniger ausgepragten Längsfalten und Spiralreifen, in der Regel von einer dicken und stark ciliirten Epidermis bekleidet und erreicht bei einer Länge von 82mm. eine Breite von über 45mm.; das Gewinde ist bei ihr stets kürzer als die grosse Mündung. Kleiner und dünnschaaliger wird diese Form in den schlickigen Balgen des ostfriesischen Wattenmeeres.

Die Helgoländer Strandform, auf Felsengrund lebend, ist ausserordentlich dickschaalig mit stark gekrümmten Längsfalten und Spiralreifen und erreicht nicht selten eine Länge von 112 m.

Taranis Mörchii MALM.

Ein leeres, 3mm. langes jugendliches Gehäuse fand sich beim Aussieben des mit dem Schleppnetze bei Naerstrand aus 365 Faden aufgebrachten Schlickes. — MALM fand diese Art zuerst bei Bohuslän, doch ohne Thier und beschrieb sie als Trophon Morchii in Göteborgs Vetensk. o. Vitterh. Samh. Handl. 1863. vol. 8. tab. 2. fig. 15.; M. SARS beschrieb später das Thier und brachte es zur Gattung Pleurotoma (Mangelia LEACH), Dyrelevninger fra Quartaerperioden, p. 48 (hier ist auch auf Tab. III. fig. 110 u. 111 das Gehäuse abgebildet) und Bidrag II til Kundskab om Christianiafjordens Fauna p. 51. Das Thier ist weiss mit langgestreckter, vorn breiter, hinten zugespitzter Fussscheibe, deren Vorderrand in der Mitte eingeschnitten und mit einer tiefen Querfurche versehen ist; Kopf und Fühler sind sehr klein, letztere dünn, cylindrisch und reichen vorgestreckt kaum über das Vorderende der Schaale hinaus. Augen scheinen zu fehlen. Die Athemröhre ist mässig gross und ragt ausgestreckt ziemlich weit über das Vorderende des Gehäuses hinaus. Ein Deckel ist nicht vorhanden. Aus diesem letzteren Grunde und wegen des fehlenden Ausschnittes der Aussenlippe und der eigenthümlichen Sculptur des Gehäuses betrachtet JEFFREYS diese Art als den Typus einer neuen Gattung, die er nach einem heidnischen Gotte (dem Jupiter der Gallier) Taranis nennt. JEFFREYS, Norwegian Mollusca p. 10. — Die Verbreitung erstreckt sich an der scandinav. Küste von Bohuslan bis zu den Lofoten, woselbst G. O. SARS diese Art in 50 bis 120 und bei Skraaven bis 300 Faden gefunden hat. Im Christianiafjord lebt sie zwischen 30 und 230 Faden. Nach JEFFREYS kommt sie auch im Mittelmeere bei Corsica vor und ist mit Bela demersa Tiberi identisch.

Fusus antiquus L. var. carinata.

Das Gewinde ist scharf gekielt, der untere Theil jeder Windung bis zum Kiele cylindrisch, der obere Theil flach conisch. Von den Spiralreifen am cylindrischen Theile der Windungen tritt einer starker hervor. Mündung gross und lang; von der ganzen Länge des Gehäuses. 84 mm., nimmt das Gewinde nur 34 mm. ein. Embryona ende leider defect. Auf dem letzten Umgange dieser interessanten Form hatte sich ein schönes Exemplar der Actinia digitata MÜLLER angesiedelt, das auch in Spiritus seinen Platz nicht verlassen hat und mit seinem Trager wie verwachsen erscheint.

Fundort: NW von Hirshals, Station 219, in 80 Faden auf Schlickgrund.

Fusus norvegicus CHEMNITZ.

Von dieser Art sind nur leere Gehäuse gefischt; eins 93 mm. lang und 49 breit, von einem grossen Fagurus Bernhardus bewohnt, an dessen Eiern Naenia rimapalmata BATI gefunden wurde, SO von St. Abbshead, Station 94 in 34 Faden. - Ganz junge von Phascolosoma bewohnte Gehäuse wurden bei Skagen, Station 227, in 52 Faden auf Schlickgrund angetroffen. Die Verbreitung des norvegicus in der Nordsee ist anscheinend eine sehr lokale. Die Küsten von Yorkshire bis zu den Shetlandinseln sind die einzigen bekannten Fundorte; langs der scandinavischen Küsten ist er unseres Wissens noch nicht gefunden, doch deuten die jungen Schaalen bei Skagen darauf hin, dass er auch langs des sog. jütischen Riffs an der tiefen norweg. Rinne vorkommen wird. In der arktischen Zone ist er von Grönland, Island, Spitzbergen, dem nördlichsten Norwegen und aus dem Ochotskischen Meere bekannt.

Fusus gracilis DA COSTA.

Diese Schnecke wird oft als F. islandicus CHEMNITZ, Conch. Cab. IV. fig. 1312, 1313 bezeichnet. Die von CHEMNITZ abgebildete und beschriebene Schnecke ist aber ungleich grosser, ihre Windungen haben sehr viel grossere und breitere Querfurchen und bilden unter der Naht eine kleine wulstartige Erhöhung, sind auch oben schwach gebuchtet und daher nicht gleichmässig gewölbt. Die Abbildung in JEFFREYS Brit. Conch. vol. V. Pl. LXXXVI. fig. 1 entspricht nicht der typischen Form von Island. — An der Norweg. Küste ist Fusus gracilis verhältnissmassig selten, an der englischen und schottischen Küste von der Doggerbank bis zu den Shetlandinseln sehr häufig. Diesseits der Doggerbank, in der deutschen Bucht, ist er noch nicht gefunden.

Fusus Jeffreysianus FISCHER.

Ein 46 mm. langes Exemplar mit dicker Schaale und starker lederbrauner Epidermis am Eingang zum Firth of Forth, Station 85, mit F. propinquus, gracilis und antiquus zusammen. — In keinem Theile der Nordsee ist die Gattung Fusus, sowohl nach Zahl der Arten, als auch in Beziehung auf die Individuenmenge, so stark vertreten, als jenseits der Doggerbank von der Küste von Yorkshire bis Nord Shottland.

Fusus Moebii nov. spec. Tab. VI. Fig. 1.

Testa subovato fusiformis, undique lactea, epidermide setigera pallide olivacea obducta; anfractus VIII tumidi rotundati, embryonales obtusi, bene aequaliterque spirati, sutura valde incisa subscalati, transversim tenuiterque costulati, lineis incrementi subtilibus undulatis clathrati, ultimus spira satis longior; apertura ovata; columella sinuata; rostrum breve perparum resupinatum; canalis latissimus - Long. 54, diam. max. 30 mill.

Diese zur Gruppe Tritonofusus gehörige Art erinnert an F. ventricosus GRAY von Neufundland, doch ist die Spira länger und hat mehr Windungen, die durch tiefe Naht getrennt sind; die Epidermis ist stark und regelmassig behaart, die Columella minder gebogen, der Rüssel kurzer, nicht so stark zuruckgeschlagen, der Canal viel breiter. Fusus propinquus steht in der Form dem gracilis näher. Ein wesentliches Unterscheidungs-Merkmal dieses letzteren von der gegenwärtigen Art und dem propinquus ist ausserdem das ganz anders gebildete Embryonalende.

Die Radula. Tab. VI. Fig. 1., weicht von der des propinquus, Fig. 2, in folgenden Stücken ab. Der Mittelzahn hat an der Kronenseite stark abgerundete stumpfwinklige Ecken, während dieselben bei propinquus rechtwinklig sind und ausserdem etwas vorspringen; von den drei kegelformigen Spitzen der Krone ist die mittlere bei F. Moebii bedeutend starker und langer als die etwas ungleichen und sehr kleinen Seitenspitzchen. Die Krone des rechten Seitenzahnes zeigt sich bei dem einzigen Exemplare, welches der Untersuchung vorlag, verschieden gebildet von derjenigen des linken (wahrscheinlich nur eine individuelle Abweichung, wie wir sie bei Fusus antiquus und Buccinum undatum häufig gefunden haben»; die breite Innenzacke des rechten Seitenzahnes ist nämlich in 4 ungleiche Zähnchen, die des linken in 5 solche getheilt; bei F. propinquus ist dagegen die Innenzacke der Seitenzähne nur in zwei Zähnchen getheilt und ist zugleich die Aussenzacke viel mehr hakenförmig gekrümmt. — Im Uebrigen ist das Thier von weisslicher Farbe und nur das Mantelrohr etwas querstreifig schwarz pigmentirt. Der grosse zurückgekrümmte Penis ist nicht platt gedrückt wie bei propinquus und ausserdem an seinem Ende mit einer kleinen Papille versehen.

Fundort: Die tiefe norwegische Rinne vor der Küste von Jaderen, Station 31, in 106 Faden auf schlickigem mit Grand untermischten Grunde.

Nachträgliche Bemerkung. Auch diese Art hält Jeffreys mit seinem Fusus Sarsi — Trophon Sarsi S. N. Wood, Suppl. Palaeont. Soc. 1872, p. 25, pl. 1. fig. 9, für identisch. Ueber den Fusus Sarsi Jeffreys, Proceed. R. Soc. 1869 konnten wir uns zur Zeit keine Aufklärung verschaffen und was die in dem citirten Supplement der Palaeontol. Gesellschaft befindliche Abbildung des Trophon Sarsi Wood betrifft, so spricht dieselbe nicht sehr für diese Ansicht. — Wie nöthig es ist, dass Jeder, der neue Arten aufstellt, auch für deren gehörige Charakteristik und Abbildung in Fach-Zeitschriften oder selbstständigen Fachwerken Sorge trage, müssen wir bei dieser Gelegenheit ausdrücklich betonen. Die von uns gegebenen Abbildungen und Beschreibungen haben vollkommen genügt, Herrn Jeffreys sofort über die wahrscheinliche Identität unserer neuen Arten mit Fusus Sarsi, Lathyrus albollus u. s. w. aufzuklären, während auf der andern Seite ein blosser Name ohne Beschreibung uns unmöglich zu dieser Aufklärung verhelfen konnte, noch auch hinterher ein Urtheil über die Richtigkeit der Jeffreys'schen Ansicht erlaubt.

Defrancia Leufroyi Michaud.

Ein beschädigtes leeres Gehäuse bei Hougesund in 5 bis 20 Faden. Ist an der scandinav. Küste bei Bohuslän und Bergen gefunden; an der brit. Nordseeküste bei den Shetlandinseln und Northumberland; übrigens westfranzösisch, lusitanisch und mediterran bis zum agäischen Meere.

Pleurotoma brachystoma Philippi.
(Mangilia tiarula Lovén.)

N von Ter Schelling. Station 137, auf Austergrund ein leeres Gehäuse, ebenso SW von Helgoland. In der Nordsee von sehr lokaler Verbreitung; Doggerbank bis Shetland; Bohuslän, Christianiafjord und dann wieder nördlich bei Christiansund. Südlich: vom Canal bis zum agäischen Meere.

Clavatula (Bela) plicifera S. Wood.

Ein mit dieser Art. Wood, Crag Moll. p. 64. Tab. VII. fig. 15. übereinstimmendes, doch etwas kleineres Exemplar fand sich in dem Schlickgrunde der tiefen norwegischen Rinne, bei Hougesund, Stat. 44, in 106 Faden Tiefe. Möglicher Weise fossil und aus glacialen Ablagerungen stammend.

Cylichna alba Brown.

Nur leere, mehr oder weniger verwitterte Gehäuse; Korsfjord Ausgang, 135—217 Faden — Hougesund, Station 44, in 106 und Naerstrand, Station 38, in 365 Faden auf Schlickgrund. Diese circumpolare arktische Art ist an der norweg. Küste von Finnmarken bis zum Christianiafjord in 10 bis 30 Faden verbreitet. Shetland in 84 bis 95 Faden, Porcupine (1868 u. 69) in 203 bis 1366 Faden und 1870 an der atlantischen Küste von Spanien in 994 Faden.

Bulla utriculus Brocchi.
(Bulla Cranchii Lovén, F. et H.)

Ein nicht sehr frisches Gehäuse zwischen den Schären von Cleven in 2 bis 35 Faden. Wird von Lovén bei Bohuslän angeführt; von Sars bei Bergen und Finnmarken. An der brit. Nordseeküste von den Shetlandinseln bis Scarborough und Doggerbank verbreitet; übrigens westfranzösisch, lusitanisch und mediterran.

III. Ueber die Molluskenfauna der Nordsee diesseits und jenseits der Doggerbank
von Professor A. METZGER.

Aus dem Nordseegebiete jenseits der Doggerbank von der Küste von Yorkshire bis zur schottischen Küste bei Peterhead sind gegenwärtig 251 Arten schaalentragende Mollusken bekannt, 144 Gasteropoden und 107 Conchiferen. Aus dem gegenüberliegenden Gebiete diesseits der genannten Bank von der hollandischen Insel Texel bis zur jütischen Westküste bei Hansthohn kennen wir dagegen nur 138 Arten, 59 Gasteropoden und 79 Conchiferen; die Fauna diesseits der Doggerbank ist also um 113 Arten ärmer.

In dem Schlusscapitel über die Crustaceen ist ausführlich erörtert, mit welchen climatischen Factoren dieser auffallende faunistische Unterschied, der sich in allen Classen der marinen Thierwelt wiederholt, in Beziehung zu setzen sei; indem ich, um Wiederholungen zu vermeiden, auf jenes Capitel verweise, kann ich mich hier auf dasjenige beschränken, was seitens der Mollusken für die Richtigkeit der dort entwickelten Ansichten zu sprechen scheint.

Mit der relativen Artenarmuth der Fauna diesseits der Doggerbank stehen die conchyliologischen Ergebnisse der Pommeraniafahrt in vollkommenster Uebereinstimmung. Während nämlich auf der Fahrt von Peterhead bis zur Südspitze der Doggerbank, von Station 82 bis 105, also an 23 Stationen, im Ganzen 87 schaalentragende Molluskenarten beobachtet sind, wurden auf der Fahrt diesseits von Texel bis zur jütischen Küste, Station 123 bis 203, also an 80 Stationen, zusammen nur 59 Arten angetroffen.

Was speciell die nördlichen Arten betrifft, so stehen die Küsten von Yorkshire und Northumberland, namentlich aber die Nordseegründe langs der westlichen Abhänge der Doggerbank wegen ihres Reichthums an nördlichen Arten seit lange bei den britischen Conchyliologen in besonderem Ruf. Von Peterhead bis zur Südspitze der Doggerbank sind folgende 33 Arten verbreitet:

Modiola modiolus,   Tectura fulva,   Buccinopsis Dalei,
Modiolaria nigra,   Puncturella Noachina,   Trophon barvicensis,
Crenella decussata,   Trochus occidentalis,   „ truncatus,
Leda minuta,   Lacuna crassior,   Fusus propinquus,
Cyprina islandica,   Odostomia insculpta,   „ norvegicus,
Astarte compressa,   „ decussata,   „ Turtoni,
Mya truncata,   Natica islandica,   „ berniciensis,
Saxicava norvegica.   „ grönlandica,   Pleurotoma rufa,
Chiton albus,   „ Montacuti,   „ Trevelyana,
„ marmoreus,   Velutina plicatilis,   „ turricula,
Tectura testudinalis.   Trichotropis borealis,   Philine quadrata.

Dieser ausgeprägte boreale Charakterzug der Fauna verschwindet südlich vom 54. Breitengrade und östlich von der Doggerbank fast gänzlich. Aus der Deutschen Bucht von Texel bis Blaavandshuk und von da längs der jütischen Westküste bis fast zum 57. Breitengrade sind bis jetzt nur 11 nördliche Arten bekannt geworden. Von diesen sind vier, Modiola modiolus, Cyprina islandica, Mya truncata und Pleurotoma turricula, ziemlich allgemein verbreitet; die übrigen 7, Modiolaria nigra, Leda minuta und pernula, Saxicava norvegica, Tectura fulva, Trophon barvicensis und truncatus gehören dagegen zu den grössten Seltenheiten der Deutschen Bucht. Soviel mir bekannt, sind dieselben bis jetzt nur einmal und zwar in leeren Schaalen, ja einzelne sogar nur in Bruchstücken, gefunden; es kann daher noch bezweifelt werden, ob sie überhaupt lebend in der Deutschen Bucht vorkommen.

Auch mit diesen Zahlenverhältnissen stimmen die conchyliologischen Ergebnisse der Pommeraniafahrt überein. Während auf den 23 Stationen von Peterhead bis zur Südspitze der Doggerbank 11 nördliche Arten angetroffen wurden, fanden sich auf den 80 Stationen von Texel bis zur jütischen Küste nur die oben erwähnten vier gemeinen Arten.

Wie aus den nachfolgenden Beispielen hervorgeht, treten erst bei der kleinen Fischerbank und auf den Abhängen des jütischen Riffs an der tiefen norwegischen Rinne dieselben nördlichen Arten wieder auf, welche an der brittischen Nordseeküste bis zum 54. Breitengrade herabgehen; sie erreichen also die Südgrenze ihrer Verbreitung längs einer Linie von Scarborough bis zum südlichen Eingang in den Skagerrak.

         jenseits   Südlichster Fundort   diesseits
                         der Doggerbank:

Leda minuta Scarborough.   Kleine Fischerbank.   Station 204.
Astarte compressa Desgl.   Desgl.   „ 204.
Puncturella Noachina Desgl.   WNW von Hanstholm,   „ 213.

jenseits	diesseits
Trichotropis borealis W-Seite der Doggerbank,	WNW von Hanstholm, Station 213.
Natica Montacuti Desgl.	W von Hanstholm, ,, 212.
,, islandica Scarborough,	Desgl. ,, 212.
,, grönlandica W-Seite der Doggerbank.	N von Skagen. ,, 227.
Fusus norvegicus Desgl.	Desgl. ,, 227.
,, propinquus Desgl.	NW von Hanstholm, ,, 215.
Pleurotoma Trevelyana Scarborough,	N von Skagen, ,, 227.
Philine quadrata W-Seite der Doggerbank,	W von Hirshals, ,, 216.

Die Fauna der tiefen norwegischen Rinne, welche wir hier nach den Resultaten der 5 Schleppnetzzüge von Station 44, 31, 27, 18 und 224 übersichtlich zusammenstellen, besteht zur Hälfte aus nördlichen Arten, von denen die meisten bezüglich ihrer Abkunft entschieden auf die arktische Region hinweisen.

Fauna der tiefen norwegischen Rinne vor Hougesund, Jaderen, Lindesnaes, Hirshals und Arendal.
Tiefe 106 bis 320 Faden.

[H = Station 44 106 Faden Tiefe, J = 31 105 F., L. = 27 220 F., Hi 18, 115 F., A = 224 320 F.]

Die nördlichen Arten sind unterstrichen:

Crania anomala H.
Terebratulina caput serpentis H. J.
Waldheimia cranium H. J.
Pecten vitreus var. abyssorum H. J. A.
,, aratus H. J. Hi.
,, striatus J.
,, 7 radiatus H. L.
,, tigrinus H.
Hoskynsi H.
,, testae H.
Lima subauriculata H.
Modiola phaseolina H. J.
Leda minuta Hi.
Yoldia lucida H. J. L. A.
,, pygmaea H.
Malletia obtusa L.
Nucula tenuis Hi. A.
,, tumidula H. L.
Arca nodulosa J.
,, pectunculoides H. L.
Limopsis borealis H. J.
Cryptodon flexuosus H. A.
et var. Sarsi L.
Cardium fasciatum Hi.
,, minimum H. Hi.
Astarte sulcata H. Hi.
Syndosmia alba H.
,, nitida H. L. Hi.
Poromya granulata H. J.
Neaera rostrata H

Saxicava arctica H. J.
Siphonodentalium quinquangulare A.
Dentalium abyssorum H. J. L. A.
Chiton albus H. J.
,, Hanleyi H.
Natica Montacuti H.
,, affinis H. J.
Velutina laevigata J.
Torellia vestita H. J.
Trichotropis borealis L.
Admete viridula H. J. L. A.
Cerithium metula J.
Lacoecochlis Pommeraniae H. J.
Trophon barvicensis J.
,, clathratus var. Gunneri H. J.
Lathyrus albellus H. J. L.
Fusus Moebii J.
,, berniciensis H. J.
Columbella nana H. A.
Pleurotoma carinata H.
,, turricula H.
,, Trevelyana H. J.
Clavatula plicifera H.
Cylichna cylindracea H. J.
,, alba H.
Scaphander librarius H. J. L.
Philine quadrata H.

Was endlich die südlichen Arten angeht, so ist von der Doggerbank aus längs der brittischen Nordseeküste eine Zunahme derselben sowohl nach Norden als nach Süden hin zu constatiren. Die Fauna von Northumberland zählt 12, die der Shetlandinseln 22 und die des südwestlichen Theiles der Nordsee vom 54. Breitengrade bis zur Strasse von Dover 18 bis 20 südliche Arten. Dieser Zunahme entspricht nach beiden Richtungen hin eine Abnahme der Winterkälte, wenigstens der oberflächlichen Wasserschichten. Januartemperatur der Strasse von Dover = 7,5° C. Dunbar (Firth of Forth) - 4,8°, East Yell (Shetland) 7,6°, cfr. PETERMANN's Mittheilungen 1870. Heft 6 u. 7. Auf der Westseite der brittischen Inseln ist dieser ohne Zweifel auf die Verbreitung der südlichen Arten einwirkende climatische Factor nicht vorhanden, da von der irischen See an bis zu den Shetlandinseln die Wintertemperatur dieselbe ist, wie in der Strasse von Dover. Hier wird man also nur die allmählich von Süden nach Norden abnehmende Sommerwärme mit der in gleicher Richtung abnehmenden Zahl der südlichen Arten in Beziehung setzen können, während in der Nordsee beide Factoren, die Zunahme der Winterkälte und die Abnahme der Sommerwärme auf die Verbreitung der südlichen Elemente der marinen Thierwelt einwirken. Vielleicht liegt auch hierin der Grund, weshalb wir bei den Shetlandinseln zum grossen Theile andere südliche Arten verbreitet finden, als von Scarborough bis zur Strasse von Dover. Aus der Deutschen Bucht sind zur Zeit 10 südliche Arten bekannt, von denen Arca lactea, Crenella rhombea, Loripes lacteus, L. divaricatus, Gastrana fragilis, Fissurella graeca und Bulla hydatis bei den Shetlandinseln nicht gefunden werden und daher im Verein mit anderen Arten von mehr südlichem Anstrich, wie Barleeia rubra und Lepton squamosum, auf eine Einwanderung durch den Canal hinweisen.

Erklärung der Abbildungen.
Mollusca.

Fig. 1. Fusus Moebii DUNKER et METZGER.
Fig. 1a. Radulaglied von F. Moebii.
Fig. 2. Radulaglied von Fusus propinquus ALDER.
Fig. 3. Laeocochlis Pommeraniae DUNKER et METZGER.
Fig. 3a. Radulaglied von L. Pommeraniae.
Fig. 4. Lathyrus albellus DUNKER et METZGER.
Fig. 5. Radulaglied von Buccinum zetlandicum FORBES.
Fig. 6. Radulaglied von Torellia vestita JEFFREYS.

Bemerkung.

Die Figuren 3 u. 4 auf Tafel VI, Laeocochlis Pommeraniae und Lathyrus albellus in natürlicher Grösse vorstellend, sind vom Lithographen mehr oder weniger verzeichnet, namentlich ist in Fig. 3 die Sculptur gänzlich unrichtig wiedergegeben und Fig. 4 zu schematisch gehalten. Als die Tafel in meine Hände gelangte, war eine Correctur leider nicht mehr möglich; die hierunter folgenden, nach einem grösseren Massstabe $\left(\frac{2}{1}\right)$ ausgeführten und wohlgelungenen Holzschnitte mögen daher als Ergänzung und Berichtigung zu Tafel VI dienen. (M.)

Ergänzung zu Tafel VI.

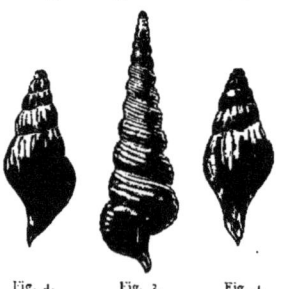

Fig. 4.   Fig. 3.   Fig. 4.

Fig. 3. Laeocochlis Pommeraniae nov. gen. et spec. — Fig. 4. Lathyrus albellus nov. spec.

X. CRUSTACEEN

aus den Ordnungen

Edriophthalmata und Podophthalmata

bearbeitet von Dr. A. METZGER,
Professor der Zoologie an der Königl. Forstakademie zu Munden.

(Hierzu Tafel VI.)

I. Systematisches Verzeichniss mit Angabe des Vorkommens nach Tiefe und Bodenbeschaffenheit, sowie der geographischen Verbreitung innerhalb der Nordsee.

Vorbemerkung: Um gleichzeitig durch das nachfolgende Verzeichniss für das uns zunächst gelegene Nordseegebiet — die Deutsche Bucht — eine dem gegenwärtigen Stande unserer faunistischen Kenntnisse entsprechende Grundlage zu gewinnen, sind auch diejenigen Arten mit aufgenommen, welche während der Fahrt der Pommerania längs der Deutschen Küste zufällig nicht beobachtet wurden oder den Umständen nach nicht beobachtet werden konnten, bereits aber von LEUCKART[1]) als Bewohner der Umgebung von Helgoland, oder von mir[2]) als der Fauna der ostfriesischen Küste angehörig nachgewiesen sind.

Der Kürze wegen ist der übliche Citaten-Apparat möglichst eingeschränkt; in der Regel ist nur diejenige Schrift citirt, welche ich bei Bestimmung der betreffenden Art benutzt habe. Die für die Wissenschaft neuen Arten sind in einem besonderen Capitel beschrieben und mit den nöthigsten Abbildungen begleitet.

Die Angaben über geographische Verbreitung beschränken sich in der Regel nur auf die Nordsee vom 60. Breitengrade bis zur Strasse von Dover. Ich bin dabei von der Ansicht ausgegangen, dass es in einem derartigen Meeresgebiete, welches nach Tiefe und Bodenbeschaffenheit bereits ziemlich genau durchforscht ist, und mit dessen climatischen Verhältnissen wir durch die dankenswerthen Bemühungen der Commission zur Untersuchung der deutschen Meere hoffentlich in wenigen Jahren ausreichend bekannt sein werden, am ehesten gelingen muss, unsere Beobachtungen über Vorkommen und Verbreitung der Thiere mit ganz bestimmten Werthen der einwirkenden physikalischen Factoren in Beziehung zu setzen. Wie sich schon jetzt aus den während der Pommeraniafahrt angestellten Temperaturbeobachtungen gewisse Unterschiede der Nordseefauna diesseits und jenseits der Doggerbank in zufriedenstellender Weise erklären lassen, ist im dritten Capitel dieses Berichtes gezeigt.

Zur Bestimmung der geographischen Verbreitung der Arten innerhalb der Nordsee wurden vorzugsweise benutzt:

NORMAN, Report of Deep-sea Dredging on the coast of Northumberland und Durham, 1862—64, in Nat. Hist. Transac. Northumb. and Durham. vol. I. (1865) p. 12.
NORMAN, Shetland Final Dredging Report in Brit. Assoc., Report for 1868.
BATE and WESTWOOD, Brit. sessile-eyed Crustacea I. u. II. 1868.
BELL, Brit. stalk-eyed Crustacea. 1853.
G. O. SARS, Monographi over de ved Norges Kyster forekommende Mysider; ferner: om Cumacea og dens norliske Arter; zoologisk Reise Beretning 1862, 1863, 1865; over Christianiafjordens Dybvandsfauna 1869; Undersögelser over Hardangerfjordens Fauna I. 1871; Bidrag til Kundskaben om Dyrlivet paa vore Havbanker, 1873.
GOES, Crustacea decapoda podophthalma marina Sueciae 1863.
AXEL BOECK, Crustacea amphipoda borealia et arctica 1870.
Sowie endlich die dahinschlagenden Schriften von M. SARS, LILLJEBORG, BRUZELIUS und anderer als Gewährsmänner aufgeführter Forscher.

---

[1]) R. LEUCKART, Verzeichniss der zur Fauna Helgolands gehörenden wirbellosen Thiere, in FREY und LEUCKART, Beiträge zur Kenntniss wirbelloser Thiere. 1847.
[2]) A. METZGER, die wirbellosen Meeresthiere der ostfriesischen Küste. Erster Beitrag. 1871, im 20. Jahresbericht der naturhist. Gesellschaft zu Hannover.— Zweiter Beitrag, 1872, ebenda 21. Jahresbericht. — In 2. vermehrter Auflage auch unter dem Titel: Physikalische und faunistische Untersuchungen in der Nordsee während des Sommers 1871, als Anhang dem Pommerania-Bericht über die Untersuchung der Ostsee. Berlin 1873.

Edriophthalmata.
1. Amphipoda.

Artname und Litteratur.	Beob- achtgs- Nr.	Fundort.	Tiefe in Faden.	Grund.	Geographische Verbreitung.
Podalirius typicus KRØYER. Nat. Tidssk. 2 R. 1. p. 283.	215ª 216 229 141 158	Skagerrak. Deutsche Bucht.	15 37 6 14 10	Steine, Sand, Kies. Fein.Sandm.Schaalen. Grober Sand, kleine Steine, Schill. Feiner Sand mit wenig Schlick und Schaalen.	Durch die ganze Nordsee verbreitet; lebt auf Astera- canthium rubens, ohne je- doch dessen vertikale und horizont. Verbreitungsgrenze inne zu halten.
Caprella linearis L. (Squilla lobata Z. D. prodr.) BOECK crust. amphip. bor. et - arct. p. 193.	18 186 238 245	Skagerrak. Lister Rhede. Kattegat. Kleiner Belt.	115 0—1 28 10—16	Schlick. Sand, kleine Steine, Schaalen. Steinig. Todtes Seegras.	Durch die ganze Nordsee verbreitet von der Oberfläche bis zur Tiefe von 115 Fad. Lebt an Sertularien, Cam- panularien u. s. w.
Proto ventricosa MÜLLER. (Leptomera pedata Latreille.) BOECK l. c.	219 203 170	Skagerrak. W von Jütland. Helgoland.	80 19—22 0—4	Schlick. Feiner Sand. Steinig.	Mehr lokal, doch ebenfalls in d. verschiedensten Tiefen. Wurde bei No. 113 dicht unter der Oberfläche im Schwelmetz gefangen bei einer Wassertiefe von 25 F.
Laetmatophilus tuberculatus BRUZEL. Skand. Amphip. Gammar. p. 11.	18 219 224	Skagerrak.	115 80 320	Schlick. Schlick. Schlick m. eigenthüml. organ. Ballen.	War bisher nur von Bohus- län (120 - 130 F.) und aus d. Christianiafjord bekannt.
Dulichia monocantha n. sp.	18	Skagerrak.	115	Schlick.	Wenige Exemplare.
Dulichia spec. dub.	106	Bei d. Haddokbank.	13½	Sand mit Muscheln und kleinen Steinen.	
Siphonoecetes cuspidatus METZGER.	101	Doggerbank.	12	Feiner Sand mit Muschelschaalen.	Ostfries. K.: NW von Juist, 16 F., brauner Sandgrund M.
Wirbell. Meeresthiere der ost- fries. K. II. Beitrag p. 11.	199	W v. Blaavandshuk.	15	Grober Sand mit Muschelstückchen.	
Corophium grossipes L. (C. Longicorne FABR.) BATE & WESTWOOD, sessile- eyed Crust. I. p. 493.			0—5		In der Strandzone von 0— 5 F. an allen Nord-seeküsten; liebt schlemmigen Boden u. geht weit in die Astuarien hinauf.
Corophium crassicorne BR. Nach M. NORMAN, Report. Brit. Assoc. 1868. p. 286, ist C. Bonellii B. & W. sess.-eyed Crust. das ♀ v. n crassicorne.)					Ist ebenfalls an allen Nord- seeküsten beobachtet, scheint jedoch weniger häufig. Im ostfries. Wattenmeere von 2—7 Faden, M.
Dryope crenatipalmata BAT. B. & W. l. c. I. p. 490.	108 111	Kuste von Norfolk.	12 16	Sand. Kl. St. u. Sandgrund.	Ist bisher aus der Nordsee nicht aufgeführt. — WEY- MOUTH, GOSSE.
Chelura terebrans PHILIPPI.	26	Cleven, Hafen.	0	Holz (der Schiffswerft).	Christianiafjord BOECK, Nicht aus der übrigen Nordsee bekannt.
Cerapus difformis M. EDW. Erichthoni s difformis = ♂; Dereuthoe (Cerapus) punctatus M. EDW. - ♀.) NORMAN, Report. Brit. Assoc. 1868. p. 285.	91 94 208 227	O.-K. v. Schottland. (Bass Rock.) (Berwick) W. u. N. K. v. Jütland.	24 34 26 52	Schlickiger Sand. Muscheln u. kl. Steine. Grober Kies. Sandiger Schlick.	Scheint im südl. Theile der Nordsee nicht vorzukommen. Der südlichste Fundort ist der westl. Abfall der Dog- gerbank, Neweastle gegen- über (NORMAN).
Janassa variegata LEACH. BOECK, amphip. bor. et arct. p. 170. Podocer. varieg. LEACH = ♀; Podocer. capillatus RATHKE, Nova Acta Leop. äk. T. XX. = ♂.	26	Schären bei Cleven.	0—15	Steinig.	W. Norwegen bis Bohuslän, BOECK. — Shetland (3—5 und 40 F.), Northumberland, Durham, NORM, Helgoland.

Artname und Litteratur.	Beobachtgs No.	Fundort.	Tiefe in Faden.	Grund.	Geographische Verbreitung
Podocerus falcatus MONTAG. Jassa pulchella LEACH = ♂; J. pelagica LEACH — ♀; Pod. caicaratus RATHKE = ♂. BOECK l. c.	26 169 170	Schären bei Cleven. Helgoland. Helgoland N. Hafen.	0—15 17 0—4	Steinig. Sandiger Schlick mit Muschelschaalen. Steinig.	An allen Nord-eckästen auf Sertularien. Algen v. derg'
Podocerus anguipes KROYER. BRUZEL, Skand. Amphip. Gammar.		Peterhead Hafen.	0—1	Steinig.	Norwegen bis Lofoten. Bisher sonst in der Nordsee bisher nicht bekannt. Dagegen v. Grönland, spitzbergen u. s. w
Amphithoë podoceroides RATHKE. Acta Leopold. T. XX. p. 79. (A. albomaculata KR.; A. littorina BATE nach BOECK l. c.)	16 47 53 170 8	Kattegat. Schären bei Mandal. Bergen, Hafen. Sölsvig. Helgoland, N. Hafen Gr. Belt.	8 0—35 0—50 0—20 0—4 24	Sand mit Muschelschaalen. Steinig. Steinig. Steinig. Steinig. Harter Grund.	An allen Nordeckusten in geringer Tiefe.
Amphithoë gibba R. LEUCK. Verzeichniss der zur Fauna Helgolands gehörenden wirbellosen Seethiere, in FREY u. LEUCKART, Beiträge p.162.		Helgoland.			Von späteren Forschern nicht wieder aufgefunden, oder doch nicht erkannt. Die l. c. gegebene Beschreibung ist zu unvollständig. Nach der Uebereinstimmung mit A. Rathkei zu urtheilen, gehört die Art wahrscheinlich der Gattung Calliopius an.
Noenia rimapalmata BATE & WESTWOOD, sess.-eyed Crust. l. 474.	84 84 113 144	Peterhead. Berwick. Norfolk. W. von Helgoland.	50 34 23 19	Auf einem Fusus, mit Hydractinia besetzt u. von Pagurus bewohnt. Desgl. Sand und Schill. Auf Alcyonium digitatum.	Shetland; 40 Seem. v von Whalsey Lighthouse in 70 90 F., NORMAN. An den scandinav. Küsten nich nicht beobachtet.
Noenia excavata BATE. B. & W. l. c. l. p. 476.	106 145	Norfolk. W von Helgoland.	13½ 8—20	Sand m. Muschelsch. u. kleinen Steinen. Sandiger Schlick.	Sonst nur von Shetland und Northumberland bekannt. ostfries. Küste, M.
Gammaropsis erythrophthalmus LILLJEB. (Autonoë BRUZEL, Eurysthens BATE.) BOECK, l. c. p. 161.	94	Berwick.	34	Muscheln u. kl. Steine.	W.-Küste Norwegen bibhusian und Kullen, shetland (40—50 F.), Northumberland, Durham.
Protomedeia fasciata KROY. Gammarus macronyx LILLJB. ♀; Autonoë macr. BRUZEL. BOECK, l. c. p. 160.	92	S Abbshead.	40	Sandiger Schlick.	W.-Küste Norwegen bis Kullen Shetland, NORMAN
Aora gracilis BATE. (Autonoë punctata BRUZEL.) B. & W. sess.-eyed Crust. l. p. 281.	106 144 145 147 203 245	Norfolk. Deutsche Bucht. NW v. Hansthorm. Kl. Belt.	13½ 19 19½ 20 49 10—16	Sand mit Muscheln und kleinen Steinen. Sandiger Schlick mit Schill. Desgl. Sand m. wenig Schlick. Sand. Todtes Seegras.	W.-Küste Norwegens bi Bohuslän, BOECK, Shetland, Hackles Wasser zw. Danmariae, NORMAN.
Microdeutopus anomalus RATHKE. Acta Leopold. T. XX. p. 63.	106 113 175	Norfolk. Bei Helgoland.	13½ 23 12½	Sand mit Muscheln u. kl. Steinen. Sand und Schill. Feiner grauer Sand.	W.-Küste Norwegens b. Bohuslän, BOECK, Shetland 70—90 F., Northumberland NORMAN.
Photis Reinhardi KROYER. (Amphithoë pygmaea LILLJB.) BOECK, amphip. bor. et arct. p. 153.	227	N von Skagen.	52	Sandiger Schlick mit vielen Wurmröhren.	W.-Küste Norwegens bi Bohuslän, BK, Bei No. 227 wurde nur 1 Exen pl. gefischt.
Photis (Eiscladus) longicaudatus BATE & WESTWOOD. sess.-eyed Crust. l. p. 412.	208	W von Hansthorm.	26	Grober Kies	Ein Exempl., Shetland 2—5 F. Northumberland NORMAN.

Artname und Litteratur.	Beo-achtungs-Nr.	Fundort.	Tiefe in Faden.	Grund.	Geographische Verbreitung.
Byblis Gaimardi KRØYER. BOECK, Amphip. bor. p. 148.	227	N von Skagen.	52	Sandiger Schlick mit vielen Wurmröhren.	Neu für die brittische Nordseefauna. W. Norwegen bis Bohuslän, BOECK.
	79	60 Seemeilen NO von Peterhead.	69	Sandiger Schlick.	
	92	S Abbshead.	40	Desgl.	
Byblis crassicornis n. spec.	31	Norweg. Küste.	106	Schlick mit Grand.	Nur ein Exemplar.
Haploops setosa BOECK.	44	Norweg. Küste.	120	Schlick.	Bergen-Fjord, BOECK.
Amphip. bor. et arct. p. 148.	31	Desgl.	106	Schlick mit Grand.	
	215	Desgl. S v. Lindesnaes.	93	Grauer Schlick, Sand u. kleine Steine.	
Haploops tubicola LILLJEB.	219	Skagerrak.	80	Grauer Schlick.	Norwegen bis Bohuslän, Kattegat bis Kullen u. Hellebäk. – Durham, NORMAN.
Ofversigt af Vet. Akad. Forhandl. 1855. p. 134.	227	N von Skagen.	52	Sandiger Schlick.	
Ampelisca laevigata LILLJEB. l. c. p. 123.	79	60. Seem. NO von Peterhead.	69	Sandiger Schlick. Feiner Sand mit Muschelschaalen. Feiner Sand u. sand. Schlick. Sandiger Schlick mit Muschelschaalen.	W.-Küste Norwegens bis Bohuslan; Kattegat bis Samsø und Kullen. Von den Shetlands Inseln bis zur Doggerbank. Mit Ausnahme des südwest. Theiles also durch die ganze Nordsee verbreitet und namentlich häufig auf den sandigen und schlickig-sandigen Gründen der Deutschen Bucht von Texel bis Blaavandshuk.
	101	Doggerbank.	12		
	136	Deutsche Bucht.	19 u. 20		
	137				
	144	Desgl.	19		
	145				
	147			Sandiger Schlick.	
	148	Desgl.	14½	Steinig.	
	150	Desgl. Helgoland.	5–6	Schlickiger Sand und sandiger Schlick.	
	156	Deutsche Bucht.	21 und		
	157		17½	Sandiger Schlick mit Muschelschaalen.	
	169	Desgl.	17		
	173			Feiner grauer Sand.	
	176	Desgl.	12½ bis 9		
	177				
	179				
	195	Desgl.	10 u. 15	Grauer Sand mit Schill.	
	196				
	199	W von Blaavandshuk.	15	Grober Sand mit Schaalenstückchen.	
Ampelisca macrocephala LILLJEB.	215	S von Lindesnaes.	93	Schlick, Sand u. kl. Steine.	Geht von der W.-Küste Norwegens bis Samsø u. Hellebäk im Kattegat. Von der brittischen Nordseeküste war bisher kein Fundort bekannt.
Ofvers. af Vet. Akad. Förhandl. 1852. p. 7 u. 1855. p 137.	216	Skagerrak.	37		
BRUZ., Amphip. Gammar. p. 85.	225	Desgl.	26	Schlick.	
	227	Bei Skagen.	52	Sandiger Schlick.	
	26	Norweg. K. Mandal.	35		
	31	Desgl. Jäderen.	106	Schlick mit Grand.	
	91	Firth of Forth, Bass Rock.	24	Schlickiger Sand.	
Ampelisca Eschrichti KR.	31	Norweg. K. Jäderen.	106	Schlick mit Grand.	Bisher nicht aus der Nordsee bekannt; dagegen von Grönland, Spitzbergen, Island und Finnmarken.
Nat. Tidsskr. IV. p. 155.	44	Desgl. bei Hougesund.	106	Schlick.	
Ampelisca spinipes BOECK. Amphip. bor. et arct. p. 143.	53	Norw. K. bei Solsvig.	0–20	Steinig.	Ein Exemplar. Farsund und Bergen, BOECK.
Ampelisca aequicornis BR.	27	Norw.K.v.Lindesnaes.	220	Graublauer Schlick.	Bohuslän, Shetland, Northumber and. Ind. Deutschen Bucht noch nicht beobachtet.
Amphip. Gamm. p. 82.	44	Desgl. bei Hougesund.	106	Schlick.	
		Schottland: Berwick.	34	Muschelsch u. kl. St.	
Ampelisca typica BATE.	44	Bei Hougesund.	106	Schlick.	Bohuslän, Von d. Shetlands-Inseln bis zur Doggerbank (NORMAN); scheint im W. der Nordsee häufiger als im O.
A. carinata BRUZEL.	225	Skagerrak, N von Hirshals.	26	Schlick.	
Amphip. Gammar. p. 87.					
Ampelisca tenuicornis LILJB.	26	Scharen bei Mandal.	35		W.-Küste Norwegens. Im Kattegat bis Kullen LILLJB.
Ofvers. af Vet. Akad. Förhandl. 1855 p. 123.	91	Bass Rock.	24	Grauer schlick, Sand	
	92	S Abbshead.	40	Sandiger Schlick.	
	108	Norfolk.	12	Sand.	
	137	Deutsche Bucht.	20 u. 21	Schlickiger Sand.	
	156				
	225	Skagerrak, Hirshals.	26	Schlick.	

Artname und Litteratur.	Beob-achtigs-Nr.	Fundort.	Tiefe in Faden.	Grund.	Geograph. Verbreitung.
Amathilla Sabinei LEACH. BATE & WESTWOOD, sess.-eyed Crust. I. p. 361.	245 246 111	Kleiner Belt. Desgl. SO von Yarmouth.	10 16 26 16	Todtes Seegras. Sand u. kl. Steine.	In der Nordsee von den Shetlands Insel-n bis Norfolk und von W.-Norwegen bis Helgoland. — Bohuslän bis Kiel.
Amathilla angulosa RATHKE. Acta Acad. Leopold. T. XX. p. 72. BRUZEL., Amphip. Gammar. p. 51.	26 169	Schären bei Cleven. Helgoland.	0—15 0—1	Steine und Algen. Zw. den Algen der Hummerkästen.	Norwegen bis Kullen. BATE & WESTWOOD vereinigen diese Art mit der vorigen.
Cheirocratus Sundewalli RATHKE. Acta Acad. Leopold. T. XX. p. 65 (Gammarus); Lilljeborgia Shetlandica B. & W.	186	Lister Rhede.	0 1	Sand, kleine Steine u. Muschelschaalen.	Ein Exemplar. — Sonst W. Norwegen b. Bohuslän. Shet-land, a 5 u. 40 F., NOR-MAN. Northumberland als Prat omedeia ?, WHITE.
Megamoera semiserrata B., B. & W. sess.-eyed Crust. I. p. 401.	84	SO von Peterhead.	50	Sand und Muschel-schaalen.	Bisher aus der Nord-ee nicht bekannt gewesen. — (Ply-mouth Sound B. & W.)
Melita obtusata MONTAGU. M. proxima ist die gewöhnl. Form des ♂ und Megamoera Alderi BATE ♀. BATE & WESTWOOD, sess.-eyed Crust. I. p. 344 u. 407. (Gammarus maculatus LILJEB.) Die typische ♂-Form obtusata MONTAGU wurde nur einmal wäh-rend der Fahrt angetroffen und zwar O v. Bamborough Castle, 36 F., Sandgrund mit kl. Steinen.	91 92 101 106 108 118 120 135 136 141 144 145 196 199 212 215a 216 229	Bass Rock. S Abbshead. Doggerbank. Bei d. Haddokbank. N von Yarmouth. W.-Küste Hollands. Desgl. Deutsche Bucht. Desgl. Desgl. Desgl. Desgl. W von Blaavandshuk. W von Jütland. N v. Hanstholm. Skagerrak. O von Skagen.	24 40 12 13½ 12 16½ 12½ 14½ u. 19 14 19 u. 19½ 15 15 36 15 37 6	Grauer schlick. Sand. Sandiger Schlick. Feiner Sand mit Muschelschaalen. Sand mit Muscheln und kleinen Steinen. Sand. Schill u. feiner Sand. Desgl. Feiner grauer Sand mit Schaalen. Grober Sand. kleine Steine, Schill. Sandiger Schlick mit Schaalen. Feiner grauer Sand. Grober Sand mit Muschelstückchen. Sand und Muschel-schaalen. Steine, Sand, Kies und Schaalen. Feiner Sand mit Schill.	Durch die ganze Nordsee verbreitet; lebt auf Astera-canthium rubens. Vorzüglich häufig in der Deutsch. Bucht. W. Küste Norwegens bis Bohuslän, Bohnsk. Kattegat bis Kullen, LILJEB. — Shet-land, NORMAN.
Melita palmata MONTAGU. LEUCKART in FREY & LEUCK., Beiträge etc. p. 162.		Helgoland.			Sonst nicht in der Nordsee. Bei Oresund, BRUZELIUS. Von Zaddach in der Ostsee bei Danzig als Gammar. Dugesii aufgeführt.
Melita dentata KRÖYER. Nat. Tidsskr. IV. p. 159.	94	Berwick.	34	Muschelschaalen und kleine Steine.	Ein Exemplar. — Neu für die britt. Fauna der Nordsee. Bisher nur von der W. Küste Norwegens bis Bohuslän und bis Samsö, Helleb ak bekannt.
Gammarus marinus LEACH.	162	Wilhelmshaven. Ostfr. Wattenm. (M.)	0—1 0 5	Zw. Algen.	An allen Nord-eeküsten, doch viel weniger häutig als die f. Isegule Art.
Gammarus locusta L.	162 170 186 229	Wilhelmshaven. Helgoland. Lister Rhede. Skagen.	0—1 0—1 0 1 6	Sand.	An allen Nordseeküsten ge-mein. An den Ostfr. Küsten geht er mit dem Brackwasser tief ins Binnenland und ist hier häufig mit einer rothen Echinorhynchus-Jugendform behaftet.
Gammarus elongatus L. LEUCKART in FREY & LEUCK., Beiträge etc. p. 160. Nach AXEL BOECK vielleicht identisch mit Moera Longimana THOMSON.		Helgoland.			Später, wie es scheint, noch nicht wieder aufgefunden.

Artname und Litteratur.	Beobachtgs-No.	Fundort.	Tiefe in Faden.	Grund.	Geograph. Verbreitung.
Calliopius laeviusculus KRÖYER. Paramphithoe laev. BRUZEL., Amphip. Gammar. p. 76.	170	Helgoland. Ostfr. Wattenm. (M.)	2—4 1—5	Felsen und Steine mit Algen. Zw. Algen und Sertularien.	W. Küste Norwegens bis Bohuslän. Ostsee. An der britt. Nordseeküsten u. r von Moray Frith aufgefahrt, B. & W.
Halirages fulvocinctus M. SARS. Vidensk-Selsk. Forhandl. Christiania 1854. p. 141. (Amphithoe.) BOECK. Amphip. bor. et arct. p. 116.	27	Vor Lindesnaes.	220	Graublauer Schlick.	Ein Exemplar. — Bisher nur von Grönland, Spitzbergen und Finnmarken bekannt.
Atylus Swammerdami M. EDWARDS. B. & W., sess.-eyed Crust. I. p. 246.	141 176	Borkumer Riff. N von Helgoland.	14 12	Grober Sand, kleine Steine und Schill. Feiner grauer Sand.	Norweg. Küste Finnmarken, bis Kullen, Shetland, Moray Frith.
Atylus falcatus METZGER. Wirbell. Meeresthiere d. ostfr. K. II. Beitrag, p. 9.		Zw. Helgoland und Spiekeroog.	22	An Sertularien, schlick. Grund.	
Atylus (Dexamine) Vedlomensis B. & W. sess.-eyed. Crust. I. p. 242.		Zw. Helgoland und Spiekeroog. (M.)	22	Schlickiger Grund.	Norwegen: Hauge-und, Farsund, BOECK. Shetland, Northumberland, NORMAN.
Dexamine spinosa MONTAGU. B. & W. l. c. I. p. 237.	169 170 186	Helgoland. Sylt.	0—4 0—1	Zw. Algen, Campanularien/Hummerkästen. Zw. Algen und Campanularien.	An allen Nordseeküsten.
Epimeria cornigera FABR. Epim. r. tricostata COSTA; Acanthonotus Oweni BATE. BOECK, Amphip. bor. et arct. p. 105.	213	WNW v. Hanstholm.	49	Sand.	Ein Exemplar. Norw. K.: Bergen-fjord, Hardangerf.d., Farsund, Christianiafjord, BOECK, — Britt. K.: Shetland, 70 bis 80 F., bis zur Doggerbank, (NORMAN.)
Iphimedia obesa RATHKE. Acta Acad. Leopold. T. XX. p. 85.	53 145 176	Norweg. K. Sölsvig. NW v. Helgoland. N v. Helgoland.	20 19½ 12	Steinig. Sandiger Schlick. Feiner grauer Sand.	Von den Shetlands-Inseln bis zur Doggerbank, NORMAN. — Norweg. Küste bis Bohuslän, BOECK.
Paramphithoë bicuspis KR. BRUZEL., Amphip. Gammar. p. 73. Pherusa bicusp. BATE.	8 93 108 170 186	Gr. Belt. NO v. Bamborough Castle. Norfolk. Desgl. Deutsche Bucht.	24 37 12 16 0—4	Harter Grund. Sand. Kleine Steine. Steine mit Algen.	W. Küste Norwegens bis Bohuslän, Shetland, 3—7 F., Moray Frith.
Aceros phyllonyx M. SARS. Christianias Vid.-Selsk. Forhandl. 1858. p. 148. BOECK, Amphip. bor. et arct. p. 92.	79	60 Seem. NO von Peterhead.	69	Sandiger Schlick.	Bohuslän, 60 F., BRUZEL; sonst nur von Finnmarken bekannt. Neu für die britt. Nordseefauna.
Kroyera arenaria BATE. B. & W., sess.-eyed Crust. I. p. 173. Ponto r. tes norvegicus BOECK.		Borkum. (M.)	3	Harter Sandgrund.	Norwegen: Horgesund and Christianiafjord, BACK, Whiteburn-ands bei Sunderland, BATE.
Halimedon Moelleri BOECK. Amphip. bor. et arct. p. 89.	63 213 216 79	Korsfjord. NW v. Hanstholm. N von Hanstholm. 60 Seem. NO von Peterhead.	135-217 49 37 69	Theils Schlick, theils kleine Steine. Sand. Sandiger Schlick.	Haugesund, Farsund, Christianiafjord, BOECK. Neu f. die britt. Nordseefauna.
Monoculodes norvegicus BOECK, l. c. p. 84.	63	Korsfjord.	135-217	Theils Schlick, theils kleine Steine.	Grönland, Spitzbergen und W. Norwegen.

Artname und Litteratur.	Beobachtungs N°	Fundort.	Tiefe in Faden.	Grund.	Geograph. Verbreitung.
Monoculodes affinis Bruzel., Amphip. Gammar. p. 93. (Oediceros.)	199	W v. Blaavandshuk.	15	Grober Sand mit Muschelstücken.	Bergen bis Bohuslän, — Shetland, Northumberland.
Tritropis Helleri Boeck, l. c. p. 79.	224	Skagerrak.	320	Schlick.	Hardanger-, Bukens-, Christianiafjord, Boeck; sonst Gronland, Spetzbergen und Finnmarken.
Leucothoë spinicarpa Abildgaard. Leuc. articulosa Montagu. B. & W., sess.-eyed Crust. I. p. 271.	44 63	Bei Hougesund. Korsfjord.	106 135-217	Schlick. Theils Schlick, theils kleine Steine.	Farsund, Boeck, Kollen, 13 F., Lilljeb., Shetland, Moray Frith.
Lilljeborgia fissicornis M. Sars. Vidensk-Selsk. Forhandl. Christiania 1858. p. 147. (Gammarus.)		40 Schären b. Hougesund.	5 bis 20	Steinig.	Ein Exemplar. Bisher nur von Spitzbergen und Finnmarken bekannt.
Nicippe tumida Bruzelius, Amphip. Gammar. p. 99.	55 63 79	Sölsvig. Korsfjord, Ausgang. 60 Seem. NO von Peterhead.	100 135-217 69	Grauer kalkr. Schlick. Theils Schlick, theils kleine Steine. Sandiger Schlick.	Hardanger-, Bukens-, Christianiafjord, Boeck. Shetland, B. & W.
Tiron acanthurus Lilljeb., On the Lysianassa Magellanica p. 19. Syrrhoë bicuspis Goës. Tessarops hastata Norman.	213	WNW v. Haustholm.	49	Sandgrund.	War früher nur von Gronland, Finnmarken und Christiansund bekannt; ist jedoch auch an der Küste von Aberdeen aufgefunden (Norman Annals of Nat. Hist. Debr. 1868).
Stenothoë marina Bate. B. & W., sess.-eyed Crust. I. p. 58. (Montagua.)	59	Glaesvaer (Korsfjord). Ostfries. Küste. M.	5—10 8—20	Steinig. Sandgrund mit und ohne Schlick.	Shetland, 70—80 F., Moray Frith, Northumberland, B. & W.
Stenothoë monoculoides Montagu. B. & W. l. c. p. 54. (Montag.)		Ostfries. Küste. M.	7—20	Desgl.	Shetland, 50 F., Moray Frith, Northumberld., Norman. — Hougesund, Boeck.
Metopa pollexiana Bate. B. & W. l. c. p. 64. (Montag.)	94	Berwick.	34	Muscheln und kleine Steine.	Shetland, Northumberland, Norman. In der Deutschen Bucht und längs der scandinav. Küste noch nicht aufgefunden.
Metopa Alderi Bate. B. & W. l. c. p. 61. (Montag.)		Ostfries. Küste. M.	12—20	Sand u. Schlickgrund.	Hougesund, Christianiafjord, Boeck. Shetland, Northumberland, Norman.
Bathyporeia pilosa Lindstr. Öfvers. af Vet. Acad. Förhandl. Stockholm 1855. p. 59.	99 101 134 135 141 145 158 175 176 177 181 195 199 199	Doggerbank. Deutsche Bucht. Desgl. Desgl. Deutsche Bucht. Desgl. N v. Helgoland. Desgl. W von Sylt. Desgl. NW von Sylt.	13 u. 12 10 und 14½ 14 19½ 10 12½— 10½ 8 10 bis 15	Feiner Sand mit Muschelschaalen. Sand mit Muschelschaalen. Grober Sand, kleine Steine und Schill. Sandiger Schlick. Feiner Sand m. wenig Schlick und kleine Muscheln. Feiner grauer Sand. Desgl. Feiner bis grober Sand mit Schaalenstücken.	An den scandinav. Küsten von Finnmarken bis zur Ostsee. — Shetland 5—7 und 40—50 F., Norman. Moray Frith.
Acidostoma obesum Bate. Lilljeb., On the Lysianassa magellanica p. 34. Ar. vs. B. & W.		Bei Mandal.	0—35	Steinig und Algen.	Molle, Hauge n., Farsund, Boeck. Shetland, Norman, Moray Frith, B. & W.

Artname und Litteratur.	Beobachtgs. Nr.	Fundort.	Tiefe in Faden.	Grund.	Geographische Verbreitung.
Tryphosa longipes BATE. B. & W., sess.-eyed Crust. I. p. 113 *Anonyx longipes* ♀ und p. 116 *Anonyx ampulla* ♂ (nicht A. amp. KRÖYER.) BOECK, Amphip. bor. et arct. p. 38.	213 79	WNW v. Hanstholm. 60 Seem. NO von Peterhead.	40 60	Sandgrund. Sandiger Schlick.	Christi. msand, Haugesund, Farsund, Christi. und ord. Bohuslän u. Finmarken. — Shetland, Moray Frith, Doggerbank, (SEXMAN).
Orchomene pinguis BOECK. Amphip. bor. et arct. p. 35.		Ostfries. Küste. M.	10 23	Sandiger Schlick.	W. Küste Norwegens.
Lepidepecreum carinatum BATE and WESTWOOD, sess.-eyed Crust. II. p. 509.	157 196 199	SW von Helgoland. NW von Sylt.	17½ 15	Sandiger Schlick. Feiner u. grober Sand mit Schaalenstücken.	Bisher nur von B. u. W. (M'ray Frith) bekannt, wo diese Art in Gesellschaft mit *Anonyx longicornis* 1868 von Mr. EDWARD aufgefunden wurde.
Anonyx gulosus KRÖYER. Nat. Tidsskr. 2. R. I. p. 611; A. Holbölli B. & W. sess.-eyed Crust. I. p. 104.	44 31	Bei Hougesund. Vor Jäderen.	106 106-120	Schlick. Schlick mit Grand.	Von Finmarken bis Bohuslän. — Shetland, 2—5 F., Moray Frith, Northumberland.
Hippomedon Holbölli KR. Nat. Tidssk. 2. R. II. p. 8 (Anonyx.)	99 100 101	Doggerbank. ●	13—12	Feiner Sand mit Muschelschaalen.	Finmarken bis Bohuslän. — Shetland bis Northumberland.
Anonyx denticulatus BATE, B. & W. I. c. I. p. 101.	143 195 196 199 203 204	N von Borkum. NW von Sylt. W von Jütland. Kl. Fischerbank.	16 10—15 19—22 25	Desgl. Feiner bis grober Sand mit Schaalenstücken. Feiner grauer Sand. Feiner graugelberSand u. kleine Schlickballen.	
	229 16	Skagen. Kattegat.	6 8	Sand. Sand mit Muschelschaalen.	
Callisoma Kröyeri BRUZEL. Amphip. Gammar. p. 45, Anonyx.	85 94 136	Firth of Forth, Eing. O von Berwick. Deutsche Bucht.	30 34 19	Muscheln und kleine Steine. Feiner grauer Sand.	Neu für die britt. u. deutsche Nordseefauna. Norweg. K. Finmarken bis Bohuslän.
Hyale Nilsoni RATHKE. Acta Acad. Leopold. T. XX. p. 264, Amphithoë; Allorchestes Nilsoni BRUZEL. Amphip. Gammar. p. 33.	26	Bei Mandal. Helgoland.	0—35 12	Steine und Algen. Desgl.	W.-Küste Norwegens bis Bohuslän.— Northumberland (als Nicea Lubbockiana Bate).
Talitrus Locusta LATREILLE.		Alle Nordseeküsten.	0		
Orchestia littorea MONTAGU.		Desgl.	0		
Orchestia Deshayesii M. EDWARDS, Crust. III. p. 18.		Ostfries. Inseln. M.	0	●	Fundorter der britt. N.-seeküste finde ich nirgends angegeben. Scheint an der scandinav. Küste zu fehlen. Ostsee (Greifswalder Bodden) als O. Gryphus F. MULLER.
Parathemisto abyssorum BOECK, Amphip. bor. et arct. p. 7.	44 27	Bei Hougesund. Vor Lindesnaes.	106 220	Schlick. Graublauer Schlick.	Hardangerfjord, Christianiafjord, BOECK.
Hyperia medusarum MÜLL. Z. D. prodrom. p. 198 (Cancer); H. Latreilli, M. EDWARDS. Ann. des sc. nat. XX. p. 388.	204	Kl. Fischerbank.	25	Aus *Aurelia aurita*.	Durch die ganze Nordsee verbreitet in *Aurelia*, *Cyanea* u. a. Medusen.

2. Isopoda.

Apseudes talpa MONTAGU. BATE & WESTWOOD, sess.-eyed Crust. II. p. 148.	219	Skagerrak.	80	Grauer Schlick.	Finmarken bis Bohuslän, 20–50 F., LILLJEB.; Christiansfjord, 60-100 F., SARS.

Artname und Litteratur.	Beob-achtgs-Nr.	Fundort.	Tiefe in Faden.	Grund.	Geographische Verbreitung.
Anceus maxillaris MONTAGU. B. & W. l. c. II. p. 187; Anceus oxyuraeus LILLJB.	83 215	SO von Peterhead. S von Lindesnaes.	30 93	Muschelschaalen mit Sand u. kl. Steinen. Grauer Schlick, Sand und kleine Steine.	Von Christianiafjord bis z. den Lofoten, 40–65 und 300 F., G. O. SARS. Kuller, 14—15 F., LILLJB. Shetlan d., gemein, NORMAN. Helgoland (Franiza coerulata), LEUCK.
Aega psora PENNANT. B. & W. l. c. II. p. 283.	41 53 137	Bei Hougesund. Solsvig. Deutsche Bucht.	106 0—20 20	Schlickig. Steinig. Sand. grauer Schlick.	Moray Firth, B. & W., Scarborough, BLAN.
Eurydice pulchra LEACH. B. & W. l. c. II. p. 311. Slabberina agata VAN BENED., Recherch. sur la Faune Belg., Crust. p. 88.		Ostfries. Inseln. M.	0—1	Sand.	An allen, namentlich sand. Nord-seeküsten. Lister K. Sand. und Tromlh em-sf, etc. SARS (?s Slabberina agilis).
Sphaeroma rugicauda LEACH. B. & W. l. c. II. p. 408.		Ostfries. Küste. M.	0—1	Schlick- u. Kleigrund d. Brackwasserregion.	Berwick upon Tweed, B. & W. — Oresund, LILJ Fk. — Ostsee. MÖBIUS.
Idotea tricuspidata DESM. B. & W. l. c. II. p. 379.	53 109 169 186 236 238	Solsvig. Yarmouth, Hafen. SSO von Helgoland. Lister Rhede. Kattegat.	0—20 0—1 17 0—1 6½ u. 28	Steinig. Sandiger Schlick mit Muschelschaalen. Sand, kleine Steine und Schaalen. Todtes und lebendes Seegras; steinig.	An allen Nordseeküsten.
Idotea pelagica LEACH. B. & W. l. c. II. p. 384.	26 169 170	Schären bei Mandal. Helgoland.	0—35 0—4	Steine und Algen. Steine und Algen.	Weniger verbreitet, Norwegen: Bergen, Christiansand. — Schottland: Firth of Forth.
Idotea emarginata FABR. B. & W. l. c. II. p. 386.	169 170	Helgoland.	0—4	Algen.	Bergen, Christianiafjd., SARS. —Durham, Northumberland, NORMAN.
Idotea linearis PENNANT. B. & W. l. c. II. p. 388.	127 195	Zuidersee. Helgoland, Hafen. Rhede von Lyst. NW von Sylt.	4½ 0—4 0—1 10	Sand und Muschelschaalen. Steine und Algen. Sand, kleine Steine. Sand mit Schill.	Von den scandinav. Küsten nicht bekannt. — Britt. K.: Northumberland u. Durham. B. & W. Belg. K.: VAN BENEDEN.
Arcturus longicornis SOW. B. & W. l. c. II. p. 365.	25 215 216 227 83 91	Vor Mandal. S von Lindesnaes. N von Hanstholm. Skagen. SO von Peterhead. Bass Rock.	60 93 37 52 30 24	Grauer Schlick, Sand und kleine Steine. Sandiger Schlick mit vielen Wurmröhren. Muschelschaalen mit Sand u. kl. Steinen. Schlick. Sand, Grund.	Christianiafjord, SARS. Shetland, Northumberland, Durham, Doggerbank, NORMAN.
Limnoria lignorum J. RATHK. L. terebrans LEACH, B. & W. l. c. II. p. 351.	94	O von Berwick.	34	Holz.	Nach B. & W. an allen brit. Nordseeküsten, Shetland, NORMAN. — Göteborgs skägaard (MALM); Samsö, STEENSTRUP & LÜTKEN, — Ostsee Arcsund, MÖBIUS.
Janira maculosa LEACH. B. & W. l. c. II p. 338. Oniscoda mac. LATREILLE; Henopomus muticus KRÖYER.	94 102 144 145 215	O von Berwick. Doggerbank. W von Helgoland. S von Lindesnaes.	34 12 19½ 93	Muscheln und kleine Steine. Grand mit wenig Schaalen. (Sandiger Schlick) Grauer Schlick, Sand und kleine Steine.	Durch die ganze Nordsee verbreitet. W. Küste Norwegens bis Lofoten, woselbst sie in 150 Fad. Tiefe auf Zweigen von Paragorgia arborea vorkommt, G. O. SARS. Christianiafjord 30—40 F. Shetland zw. Fluth und Ebbe und in der Tiefe. NORMAN.
Jaera albifrons LEACH. B. & W. l. c. II. p. 317.		Wilhelmshafen.	0	Unter Steinen, zwisch. Muschelschaalen u. s. w.	An allen Nord-seeküsten. — In der Ostsee (Mittelbank bis zu 18½ F., Tiefe). M.
Ligia oceanica L. B. & W. l. c. II. p. 444.		Emder Schleusse, M. Cuxhaven, LEUCKART.	0	Steine.	An allen felsigen Nordseeküsten gemein; an den sandigen und schlammigen a?r local.

72

Artname und Litteratur.	Beob-achtgs-Nr.	Fundort.	Tiefe in Faden.	Grund.	Geograph. Verbreitung.
Ligia granulata LEUCKART. FREY & LEUCKART, Beiträge zur Kenntn. wirbellos. Thiere p. 163.		Helgoland.	0	Steine.	Ob wirklich von der vorhergehenden Art specifisch verschieden?
Phryxus abdominalis KR. Nat. Tidssk. III. p. 102 u. ff. (Bopyrus); RATHKE, Acta Acad. Leopold. XX. p. 40 (Phryx. Hippolytes).	92 108 113	St. Abbshead. N v. Yarmouth. SO von Yarmouth.	40 12 23	(Sandiger Schlick); an Hippolyte Lilljeborgi. (Sand); an Pandalus annulicornis. (Sand und Schill); an Hippolyte pusiola.	Shetland, NORMAN, an Hipp. Cranchii. Molde RATHKE, an Hipp. Gainardi. – Christiansund: KRØYER, an Hipp. pusiola. — Grosser Belt und Middelfort Sund, STEENSTR. & LÜTKEN.
Gyge Hippolytes KR. (Bopyr.) B. & W. I. c. II. p. 230.	47 59	Bergen, Hafen. Glaesvaer.	0—50 5—10	(Steinig); an Pandalus brevirostris. (Steinig); an Pandalus brevirostris.	

3. Cumacea.

Diastylis Rathkii KRØYER. Nat. Tidssk. III. p. 513 und 2 R. II. p. 144.	99 100 141 148 156 157 167 169 175 176 177 179 181 196 203 204 216 227	Doggerbank. Hinter Vlieland. Deutsche Bucht. (Borkum Riff). Desgl. Desgl. Desgl. Desgl. W von Jutland. Kl. Fischerbank. Skagerrak. Skagen.	13 0—2 14 14½ 21 u. 17½ 13 u. 17 12½—8 15 19—22 25 37 52	Sand. Im Schwebnetz. Grober Sand, kleine Steine und Schill. Sandiger Schlick. Schlickiger Sand. Blauer Schlick m. Sand u. sandiger Schlick m. Muscheln. Feiner grauer Sand. Desgl. mit Muschelschaalen. Feiner grauer Sand. Fein. graugelber Sand u. kl. Schlickballen. Sandiger Schlick mit vielen Wurmröhren.	W. Küste Norwegens und Christianiafjord, SARS, Kattegat KRØYER. Ostsee, MOB. Northumberland u. Durham, NORMAN.
Diastylis lucifera KRØYER. Nat. Tidssk. III. 527 u. 2 R. II. 171. LILJEBORG, Öfvers. Vet. Akad. Forhandl. 1855. p. 19 (Cuma).	18	Skagerrak.	115	Dunkelgrauer Schlick.	Lofoten, Hardangerfjord, 150 F., Christianiafjord, 15—30 F., sehr gemein, SARS. — Kullen 15—18 F., Schlickgrund, LILJEB.
Diastylis bispinosa STIMPSON. D. bicornis BATE; Cuma cornuta BOECK. G. O. SARS, Cumacea p. 93.	26 79	Schären bei Mandal. 60 Seem. NO von Peterhead.	0—35 69	Steine und Algen. Sandiger Schlick.	W. Küste Norwegens und Christianiafjord (30 F.) SARS. Shetland, NORMAN.
Diastylis spinosa NORMAN. On the Shetland Crustacea etc. in Report. Brit. Assoc. 1868. p. 271.	99 120 134 145 156 158	Doggerbank. W-Küste Hollands. Deutsche Bucht. Desgl. Desgl. Desgl.	13 12½ 10 19½ 21 10	Feiner Sand. Schill u. feiner Sand. Sand und Schill. Sandiger Schlick. Schlickiger Sand. Feiner Sand mit wenig Schlick u. Muschelsch.	Shetland, Moray Frith, NORMAN. — Von den scandin. Küsten nicht bekannt.
Leucon Nasica KRØYER. Nat. Tidssk. III. p. 524. Cuma u 2 R. II. p. 189. Leucon.	224 92	Skagerrak. St. Abbshead.	320 40	Schlick. Sandiger Schlick.	Hardanger-, Christianiafjord, 30—60 F., SARS. Kul'aberg, LILJEB.

Artname und Litteratur.	Beobachtgs-No.	Fundort.	Tiefe in Faden.	Grund.	Geograph. Verbreitung.
Eudorella truncatula BATE. Annal. Nat. Hist. XVII. (1856) p. 457, Eudora. NORMAN, Brit. Assoc. Report. 1866. p. 197, Eudorella.	18	NW von Hirshals.	115	Dunkelgrauer Schlick.	Hardanger- und Christianiafjord, SARS, Shetland und 60 Seem. O v. Tynem eth, NORMAN.
Eudorella emarginata KR. Nat. Tidssk. 2 R. II. p. 181, Leucon. NORMAN, Transact. Tyneside Nat. Field Club. V. p. 273, Cyrianassa ciliata.	55 26 79	Sölsvig. Schären bei Cleven. 60 Seem. NO von Peterhead.	100 0 15 69	Grauer kalkr. Schlick. Steine, Algen. Sandiger Schlick.	Hardangerfjord, Christianiafjord, SARS. Sund, KR. Zwischen Tynemo th u. der Doggerbank, NORMAN.
Iphinoë gracilis BATE. Annal. Nat. Hist. 2 Ser. XVII. 1856. p. 460. Venilia u. L c. XVIII p. 187, Cyrianassa. NORMAN, Report. Brit. Assoc. 1868. p. 273, Iphinoe gracilis.	91 99 134 158 176 179 195 196 229	Bass Rock. Doggerbank. Deutsche Bucht. Desgl. Desgl. Desgl. Skagen.	24 13 10 10 12—9 10—15 6	Grauer schlick. Sand. Feiner Sand. Sand, Schill. Fein. Sand mit wenig Schlick u. kl. Musch. Feiner grauer Sand mit u. ohne Muschelsch. Sand mit Schill. Sand.	Shetland

Podophthalmata.

1. Stomatopoda.

Squilla spec.? als Erichthusform.	103	Doggerbank.			Neu für die F n. der Nordsee.

2. Schizopoda.

Podopsis Slabberi VAN. BEN. Rech. sur la Fauna lit. de Belgique, Crustacés. p. 18.	158 162 163 183	N von Spiekeroog. Rhede v. Wilhelmsh. Lister Rhede.	0—1 0—1 0—2		Büsum, LOVÉN. Belg. Küste VAN BEN.
Mysis flexuosa MÜLL. Zool. Dan. II. 34. t. 66. M. Chamaeleon THOMPS. BELL, Brit. stalk-eyed Crust. p. 336.	127 158b 170 236	Zuidersee. Wilhelmshafen. Helgoland, N. Hafen. Aalborgbucht.	4½ 0—1 2—4 6½	Sand und Schaalen. Steine und Algen. Todtes und lebendes Seegras.	An allen Nordseeküsten.
Mysis inermis RATHKE. Acta Acad. Leopold. XX. p. 20.	47 59 111 127 150	Bergen, Hafen. Glaesvaer. SO von Yarmouth. Zuidersee. Helgoland.	0—50 5—10 16 4½ 5 6	Steine und Algen. Steinig. Kleine Steine. Sand und Schaalen. Steine und Algen.	Weniger verbreitet als vorig. Art; von den Shetland Ins-I bis Northumberland; in den Deutschen Bucht selten, häufiger dagegen an den scandinav. Küsten v. Finnmarken bis zur Ost-see.
Mysis ornata G. O. SARS. BERETNING Zoolog. Reise 1863 i Christiania Stift. 1864. p. 18.	84 102 134 157 181 213 216	SO von Peterhead. Doggerbank. Vor Ter Schelling. SW von Helgoland. W von Sylt. WNW v. Hanstholm. Skagerrak.	50 12 10 17½ 8 49 37	Sand und Muscheln. Grand mit wenig Schaalen. Sand und Schill. Sandiger Schlick. Feiner grauer Sand. Sand.	Hardangerfjord 30—40 F weicher Lehmgrund; Christianiafjord 15 50 F., SARS, Shetland, 40—50 F.; M.o y Frith, Darham, NORMAN.
Mysis spiritus NORMAN. Transact. Tyneside Nat. Field Club. IV. p. 329 u. Ann Nat. Hist. Dcbr. 1860. G. O. SARS, Beretning, Zoolog. Reise 1865 (1866) p. 19.		Langeoog, M.	11 12	Sand.	Norwegen Satella ste v i Lister, SARS. — Shetland!, 40—50 F.; Durham; Northumberland, Doggerbank NORMAN. 2 Grosse Tische bank. 56 50' n. Br. und 5 10' ö. L. v. Gr., KIN.

Artname und Litteratur.	Beob-achtgs-Nr.	Fundort.	Tiefe in Faden.	Grund.	Geograph. Verbreitung.
Mysis vulgaris J. V. Thomps. Bell., Brit. stalk-eyed Crust. p. 339.	127	Zuidersee. Ostfries. Küste. (Brackwasser) M.	4½ 0—5	Sand und Schaalen. Sand und Schlick.	Christianiafjord, Bohuslän. Kullen, Ohlsee, Von den Shetland Inseln bis Dover.
Siriella norvegica G. O. Sars. Over Christianiafjordens Dybvandsfauna 1869. p. 30.	107	NO von Cromer.	15	Sand mit Muscheln und kleinen Steinen.	Hardangerfjord, 30—40 F. Bollaer Inseln im Christi.nia-fjord, 50 60 F., Ss.
Erythrops serrata G. O. Sars. Monographi over Norges Mysider I. p. 27.	55 213	Sülsvig. WNW v. Hanstholm.	100 49	Grauer kalkr. Schlick. Sand.	Von den Lofoten, 80—200 F., bis Christianiafjord, 30—40 F., vorzüglich in den tiefen Fjorden, weniger aussen an der Küste, Sars, Shetland, ruddiger Grund, 40—60 F., Norman.
Erythrops Goesii G. O. Sars. Monograph. Mysider I. p. 24. Mysis erythrophthalma Goes, Crust. decapod. mar. Sueciae p. 18.	213	WNW v. Hanstholm.	49	Sand.	Spitzbergen, Finnmarken; Lofoten 30 40 u. 80—100 F., Hardangerfjord, Spindfjord bei Farsund, Langesundfjord, 50—60 F., Christianiafjord bis Drobak, 40 —50 F., Sars.
Pseudomma roseum G. O. Ss. Monograph. Mysider I. p. 54.	27	S von Lindesnaes.	220	Graublauer Schlick.	Lofoten, 200 300 F., Hardangerfjord, 100 F., u. ein Exemplar in 400—500 F., Sars.
Amblyops abbreviata G. O. Sars I. c. II. p. 5.	27	S von Lindesnaes.	220	Graublauer Schlick.	Lofoten, Christiansund, Aalesund, Hardangerfjord, Christianiafjord, 100—300 F., S.
Gastrosaccus sanctus Van Beneden, Recherch. sur la Faune lit. de Belgique, Crustacés, p. 17 (Mysis sanct.) ♂. Mysis spinifera Goes, Crust. decapod. mar. Sueciae p. 149. Norman, Report. Brit. Assoc. 1867 p. 438 u. 1868 p. 268.	98 99 111 118 134 138 141 177 179 196 199 216	. Doggerbank. SO von Yarmouth. W-Küste Hollands. Deutsche Bucht. Desgl. Desgl. Desgl. W von Föhr. Desgl. W v. Amrum. Desgl. W von Fanoe. Desgl. W v. Blaavandshuk. Skagerrak.	23 u. 13 16 16½ 10 22 14 10½ 9 15 15 37	Feiner Sand m. wenig Muschelschaalen. Kleine Steine. Schill u. feiner Sand. Sand, Schill Schlickiger Sand. Grober Sand, kleine Steine und Schill. Feiner grauer Sand. Feiner grauer Sand mit Muschelschaalen. Feiner grauer Sand mit Schaalenstücken. Grober Sand mit Schaalenstücken.	Shetland, 40—50 F., Moray Frith, Northumberland, Norfolk, Norman. — Bohuslän: Gullmarfjord, Goes.
Boreomysis arctica Kröyer. Nat. Tidsskr. 3. R. I. p. 34. Mysis arct. G. O. Sars, Christianiafjordens Dybvandsfauna 1869 p. 28. Boreomysis arct. u. Hardangerfjordens Fauna in Vidensk.-Selsk. Forhandl. 1871. p. 264.	63	Korsfjord Ausgang.	135-217	Theils Schlick, theils kleine Steine.	Grönland, Kr. — Lofoten, Hardangerfjord, 300—400 F. Christianiafjord, 200 F., S.
Thysanopoda norvegica M. Sars, Videnskabs Selsk. Forhandl. 1863. p. 2.	27 44 213	S von Lindesnaes. Bei Hougesund. WNW v. Hanstholm.	220 106 49	Graublauer Schlick. Schlickig. Sand.	Lofoten, Hardangerfjord, 200 300 F., Christianiafjord nahe an der Oberfläche und 80 100 Fad., Ss. — Vaderön-eln, 60 F., Goes. Shetland im Oberflächen-Netz jugendl. Exempl., Nm.

Im Anschluss an die Schizopoden mag hier die folgende Gattung ihren Platz finden.

| Nebalia bipes Fabr. Kröyer, Nat. Tidsskr. 2. Rack. II. 436. | 137 | Deutsche Bucht. | 20 | Sand, grauer Schlick. | Lofoten, Hardangerfjord, 20 30 u. 80 100 F., Christianiafjord, Ss, W. Küste Norwegens u. Kattegat, K. Shetland, 5 7 u. 40—50 F., Northumberland, Nm. |

3. Decapoda.
A. Macroura.

Artname und Litteratur.	Beob-achtgs-Nr.	Fundort.	Tiefe in Faden.	Grund.	Geographische Verbreitung.
Sergestes Meyeri n. spec.	62	Korsnaes (Korsfjord).	337	Theils Schlick, theils kleine Steine.	
Palaemon squilla L. BELL. Brit. stalk-eyed Crust. p. 305. Pal. rectirostris Zaddach. Crust. Preuss. Synopsis.	236	Kattegat.	6½	Todtes und lebendes Seegras mit Muschelschaalen.	Britlansl.d., Thus au-ford, Bohus.n, Ostsee Shetland bis Dover. Belg. Kuste. Ein Fundort von d.n Kusten der Deutschen Buch? i .m're me't Bekannt!
Palaemonetes varians LEACH (Palaemon). HELLER. Zeitschr. f. wissensch. Zoologie B. XIX. p. 156. Pal.emon antennarius M. EDW. P. lacustris v. MARTENS. Anchistia migr .... HELLER.		Ostfries. Kuste. (Brackwasser.)	0 2	Meist Schlickgrund.	Norfolk, Belt, Belg. Kuste, VAN BENEDEN, Boh slän, Gol s, Kullebod tel., SUIENS-TRUP & LUTKEN.
Pandalus annulicornis LEACH	35,17 53,84 91,92 108 109 111 137 150 170 213 227 246 9	Norweg. Kuste. SO von Peterhead. Bass Rock und St. Abbshead. Norfolk Kuste. Deutsche Bucht. Desgl. Helgoland. N. Hafen. WNW v. Hanstholm. N von Skagen. Kl. Belt. Gr. Belt	0 30 50 24 u. 40 12 u. 16 20 5 6 49 52 26 22 36	Steine und Algen. Sand und Muscheln. Schlickiger Sand. Sand; Sand m. Muchel-schaalen; kl. Steine. Sand, grauer Schlick. Steine und Algen. Sand. Sandiger Schlick mit vielen Wurmröhren. Steinig.	Vaderin en, ... L., Gol-Geht an der Norw. Kuste nordlich bis Vado, dann von Island, Groeland und Nord-Amerika bekannt, VAN BE-SEDEN führt ihn von der Belg. Kust- nicht auf.
Pandalus borealis KRØYER. Nat. Tidsskr. 2. R. I p. 469.	55 63	Sölsvig. Korsfjord Ausgang.	100 135-217	Grauer kalkr. Schlick. Theils Schlick, theils kleine Steine.	Finn arken, Lofoen, Har-dangerfjord, 100 F., Chri-stiansford b- 200 F., Dram-mensford, 30 40 F., SARS. Bohuslän, 70 F., GOES.
Pandalus brevirostris RATHK. Acta Acad. Leopold. XX. p. 17. Hippolyte Thompsoni BELL. Brit. stalk-eyed Crust. p. 290.	47 59 113 238	Bergen Hafen. Glaesvaer. SO von Yarmouth. Kattegat. Revnaes.	0 50 5—10 23 28	Steine und Algen. Steinig. Sand und Schill. Steinig.	Lofoten, Christians nd, Har-dangerfjord von geringer Tiefe bis 100 F., Christiania-ford bis 50 F., SARS. — Bohuslan, 40 F., GOES. Kullen, LUTJENBORG, Shet-land, Northumberland, Dur-ham, NORMAN.
Virbius varians LEACH (Hip-polyte). BELL. Hippolyte smaragdina KRØY. Monogr. Fremstilling af Hip-polytes Nord. Arter, p 63.	236	Helgoland, N. Hafen. Aalborgbucht.	0—1 6½	Steine und Algen. Todtes und lebendes Seegras mit Muschel-schaalen.	Lofoten, Christiansand, Har-dangerfjord, SARS; Bohuslän, GOES, Shetland, North mberland, DOHAN, NORMAN.
Virbius fasciger GOSSE. Annal. Nat. Hist., 2. ser. XII. (1853) p. 153. Hippolyte fascigera.	111 114 136 117 150 157 169 201 236	SO von Yarmouth. Desgl. Deutsche Bucht. Desgl. Helgoland, Hafen SW u. S v. Helgoland. W von Jutland. Aalborgbucht.	16 22 19 20 0—6 17½ 22 6½	Kleine Steine. Sand, Schill u. Steine. Feiner grauer Sand. Sand m. w. Schlick. Steine und Algen. Sandiger Schlick. Schlick, dunkler Sand. Todtes u. leb. Seegras mit Muschelschaalen.	Har ngerfjord, Che sfan ford, SARS.
Hippolyte pusiola KRØYER. Monogr. Fremstilling af Hippol. Nord. Arter p. 111. H. Andrew i KINAHAN. H. Brieri BATE.	25 47 53 91	Vor Mandal. Bergen, Hafen Sölsvig. O von Berwick.	60 0—50 0—20 34	Steinig. Steinig. Muscheln und kleine Steine	Lofoten, Hrengerfjord, Chr listianford, SARS, Veder-inseln, 60 70 F., Gullmar-ford, GOES. Samsö, Shetland, Northumberland, NORMAN.

Artname und Litteratur.	Beob-achtungs Nr.	Fundort.	Tiefe in Faden.	Grund.	Geographische Verbreitung.
Hippolyte pusiola Krøyer. Fortsetzung.	108	Norfolk Küste.	12	Sand.	
	114	Desgl.	22	Sand, Schill u. Steine.	
	120	W-Küste Hollands.	16½	Schill u. feiner Sand	
	213	WNW v. Hanstholm.	49	Sand.	
	8	Gr. Belt.	24	Harter Grund.	
Hippolyte Cranchi Leach. Bell. H. mutila Krøyer l. c. p 86.	35	Hvidingsöe.	0—5½	Weisser körniger Sand, Steine und Algen.	Christiansund Krøyer, - Bohuslän, 10 15 F. zw. Algen, Göts. Aarhus, Steensirup & Lütken, Shetland, Norman. Belg. Küste, Van Beneden.
Hippolyte pandaliformis B. Brit. stalk-eyed Crust. p. 294.	40	Scharen b. Hougesund.	5—20	Steinig.	Bohuslän- Tjyngo, 10 F., Göts. Shetland, Laminaria-Zone, Norman.
Hippolyte Gaimardi M. Edw. Krøyer. l. c. p. 74.	35	Hvidingsöe.	0—5½	Weisser körniger Sand, Steine und Algen.	Finnmarken bis Bohuslän. Kattegat bis Ostsee (Kiel), von den britti-chen Nord-seeküsten nicht bekannt; übrigens von Spitzbergen, Island, Grönland u. s. w.
	40	Scharen b. Hougesund.	5—20	Steinig.	
	53	Solsvig.	0—20	Steinig.	
	236	Aalborgbucht.	6½	Todtes und lebendes Seegras mit Muschelschaalen	
	246	Kl. Belt.	26		
Hippolyte polaris Sabine. Krøyer, l. c. p. 116. ♂ H. borealis Owen, Krøyer.	63	Korsfjord Ausgang.	135-217	Theils Schlick, theils kleine Steine.	Lofoten, Christiansund, Hardangerfjord, Christianiafjord, Sars. — Bohuslän, Göts. Uebrigens bei Spitzbergen, Grönland, und Arct. Amerika.
	25	Vor Mandal.	60		
Hippolyte Lilljeborgi Dan. Dan. og Boeck. Beskrivelse of nogle norske Crust. decapoda 1872, p. 8. Hippolyte securifrons Norman, Transact. Tyneside Nat. Field Club. V. p. 267.	47	Bergen Hafen.	0 50	Steinig.	Lofoten, 40 F., Hardangerfjord, Christianiafjord, Drobak, 50 60 F. - Shetland, Northumberland, Durham bis zum westl. Abfall der Doggerbank, Norman.
	55	Sölsvig.	100	Grauer kalkr. Schlick.	
	79	60 Seem. NO von Peterhead.	69	Sandiger Schlick.	
	84	SO von Peterhead.	50	Sand und Muscheln.	
	92	St. Abbshead.	40	Sandiger Schlick.	
	219	NW von Hirshals.	80	Grauer Schlick.	
Caridion Gordoni Bate (Hippolyte). Doryphorus Gordoni Norman. Göts, Crust. decapoda marina Sueciae. Öfvers. Vet. Acad. Förh. 1863, p. 170, Caridion Gordoni.	59	Glaesvaer.	5—10	Steinig.	Lofoten, Hardangerfjord, Christianiafjord, Ss. Molde, Lilljeb. Bohuslän, Göts. Shetland, Norman.
	63	Korsfjord Ausgang.	135-217	Theils Schlick, theils kleine Steine.	
	27	S von Lindesnaes.	220	Graublauer Schlick.	
	145	WNW von Helgoland.	19½	Sandiger Schlick.	
	201	W von Jütland.	22	Schlickiger dunkler Sand.	
Bythocaris simplicirostris G. O. Sars. Nye Dybvandscrustaceer fra Lofoten p. 5, (Vid.-Selsk. Forhandl. for 1869. p. 149).	25	Vor Mandal.	60		Lofoten, 250 F., aussen vor Storeggen, 400 F., weicher Grund, Sars.
Nika edulis Risso. Heller, Crust. des südl. Europa. p. 232.	137	Deutsche Bucht.	20	Sandiger Schlick.	Shetland sehr lokal; 25 Seemeilen N bei O von Unst, 90—100 F., Norman.
	138	Desgl.	22	Schlickiger Sand.	
	177	Desgl. W von Fohr.	10½	Feiner grauer Sand.	
Crangon vulgaris L.		An allen Nordseeküst.	0—20	Sandiger u. schlickig-sandiger Grund.	Geht nordwärts bis Finnmarken, Christianiafjord bis 30 F. tief, Sars.
Crangon Allmanni Kinahan. On the Brit. Species of Crangon and Galathea p. 65.	79	60 Seem. NO von Peterhead.	69	Sandiger Schlick.	Shetland, Northumberland. Norman.
	84	13 Seem. SO von Peterhead.	50	Sand und Muscheln.	
	91	Bass Rock.	24	Grauer schlick. Sand.	
	102	Doggerbank.	12	Grand mit wenig Muschelschaalen.	
	108	N von Yarmouth.	12	Sand.	
	145	Deutsche Bucht.	19½ u.	Sandiger Schlick.	
	157		17½		

Artname und Litteratur.	Beob-achtgs-No.	Fundort.	Tiefe in Faden.	Grund.	Geographische Verbreitung.
Crangon Allmanni KINAHAN. (Fortsetzung.)	179	Desgl.	9 u. 15	Feiner Sand mit Schaalenstücken.	
	196			Sand.	
	213	WNW v. Hanstholm	49		
	216	Skagerrak.	37		
	236	Aalborgbucht.	6½	Todtes und lebendes Seegras mit Muschelschaalen.	
Crangon nanus KRØYER. Nat. Tidssk. IV. 231. Pontophilus bispinosus HAILSTONE.	91	Bass Rock.	24	Grauer schlick. Sand. Muscheln und kleine Steine.	Lofoten, Christiansand, Hardangerfjord, Christianiafjord, SARS. Loh sln, GOES, Kielen. LILLJEB. Shetland, Northumberland, Dorlas, NORMAN.
	94	O von Berwick.	34		
	99	Doggerbank.	13 u. 12	Feiner Sand; Grand mit wenig Schaalen.	
	102				
	114	SO von Yarmouth.	22	Sand, Schill u. Steine.	
	144	Deutsche Bucht.	19—20	Sandiger Schlick; Sand mit wenig Schlick.	
	145				
	147				
	157	Desgl.	17½	Sandiger Schlick.	
	177	W von Föhr.	10½	Feiner grauer Sand.	
	196	W von Blaavandshuk.	15	Feiner Sand u. grober Sand mit Muschelsch.	
	199				
	204	Kl. Fischerbank.	25	Feiner graugelber Sand u. kl. Schlickballen.	
	213	WNW v. Hanstholm.	49	Sand.	
Crangon trispinosus HAILST. (Pontophilus.) BELL, Brit. stalk-eyed Crust. 265.	99	Doggerbank.	13—12	Fein. Sand mit u. ohne Muschelschaalen.	Shetlandseiten, Northumberland desgleichen, NORMAN. Von den scandinavischen Küsten nicht bekannt.
	100				
	101				
	114	SO von Yarmouth.	22	Sand, Schill u. Steine.	
	120	W-Küste Hollands.	12½	Schill u. feiner Sand.	
	134	Deutsche Bucht.	10	Sand und Schill.	
	158	Desgl. S v. Helgoland.	10	Feiner Sand mit wenig Schlick und kleinen Muscheln.	
Pontophilus norvegicus M. S. Bidrag til Kundskab om Christianiafjordens Fauna I. p. 2.	27	S von Lindesnaes.	220	Graublauer Schlick.	Lofoten bis 300 F., Christiansund, Hardangerfjord bis 500 F., Christianiafjord, 30—120 F. SARS. Bohuslän GOES.
	224	Skagerrak.	320	Schlick.	
Pontophilus spinosus LEACH. M. SARS, l. c. p. 24.	81	30 Seem. NO von Peterhead.	50	Feiner Sand.	Christiansund, Molde, Farsund, Christianiafjord, 30—60 F., Schlickgrund, SARS. Bohuslän, GOES. Shetland gemein, Northumberland, NORMAN.
Sabinea septemcarinata SAB. (Crangon.) KRØYER, Nat. Tidssk. IV. 244.	31	Norw. K. v. Jaderen.	106	Schlick mit Grand.	Hardangerfjord, 80—100 F. SARS), war bis dahin der südlichste Fundort an der Norweg. K. — 60 Seem. O v. Shetland in 80—90 F. ein Exemplar 1861 NORM.
Homarus vulgaris M. EDW.		Helgoland.	10—20	Felsig.	An allen felsigen Küsten der Nordsee. Geht nordwärts bis zu den Lofoten; im Kattegat bis Kulen.
Callianassa subterranea LEACH. BELL, Brit. stalk-eyed Crust. p. 217.		Ostfries. Küste. M.	10—20	Schlickiger Sand.	Aus der Nordsee nicht weiter bekannt.
Gebia deltura LEACH. BELL, l. c. p. 225.	147	Ostfries. Küste. M. W von Helgoland.	10—20 20	Schlickiger Sand. Sand m. wen. Schlick.	Bei slan bei den Küsten Inseln und im GoPhar fund und Belfiegens rechtweiter an der Nordsee bekannt.
Calocaris Macandreae BELL l. c. p. 233.	63	Korsfjord Asgang.	135-217	Theils Schlick, theils kleine Steine.	Lofoten, Christiansund, Hardangerfjord, 150 F., Christianiaf ad, SARS. Bohuslän

B. Anomura.

Artname und Litteratur.	Beobachtgs. Nr.	Fundort.	Tiefe in Faden.	Grund.	Geographische Verbreitung.
Galathea squamifera LEACH. BELL l. c. p. 197.	53	Sölsvig.	0—20	Steinig.	Christiansund bis Island, Shetland, Northumberland.
	40	Schären b. Hougesund.	5—20	Steinig.	
	35	Hvidingsöe.	0—5½	Weisser körniger Sand, Steine und Algen.	
	81	30 Seem. NO von Peterhead.	50	Feiner Sand.	
	84	SO von Peterhead.	50	Sand und Muscheln.	
	108	N von Yarmouth.	12	Sand.	
	113	SO von Yarmouth.	23	Sand und Schill.	
		Helgoland.	5—20	Steinig.	
Galathea intermedia LILLJB. Öfvers. Vet. Acad. Forhandl. 1851. p. 21. Galathea Andrewsii KINAHAN, Brit. Species of Crangon and Galathea p. 95.	53	Sölsvig.	0—20	Steinig.	Christiansund, DANIELSEN, Farsund, Längesund, Risör zwischen den tiefer wachsenden Algen gemein, SARS, Bohuslän, LOVÉN. Hellebäk (Sund) STEENSTRUP & LÜTKES. Shetland nicht gemein, Northumberland, NORMAN.
	26	Schären bei Mandal.	0—35		
	93	NO von Bamborough Castle.	37		
	94	O von Berwick.	34	Muscheln und kleine Steine.	
	100	Doggerbank.	13 u. 12	Sand m. Muschelsch.; Grand mit w. Schaal.	
	102				
	113	SO von Yarmouth, Tiefe Rinne.	23	Sand und Schill.	
	114	Desgl.	22	Sand, Schill u. Steine.	
	144	W u. NW v. Helgoland.	20-14½	Sandiger Schlick und Sand m. w. Schlick.	
	145				
	147				
	148				
	150	Helgoland Hafen.	5—6	Steine und Algen.	
	155	S von Helgoland.	29 u. 17½	Sandiger Schlick mit und ohne Muschelsch.	
	157				
	215a	Bei Hanstholm.	15	Steine, Sand, Kies und Schaalen.	
	225	N von Hirshals.	26	Schlick.	
	229	O von Skagen.	6	Feiner grauer Sand mit Schaalen.	
	236	Aalborgbucht.	6½	Todtes und lebendes Seegras mit Muschelschaalen.	
Galathea strigosa L. BELL l. c. p. 200.	47	Bergen Hafen.	0—50	Steine und Algen.	Nordkap, Christiansund, Hardangerfjord; an den südl. norweg. Küsten seltener, SS. — Bohuslän selten. — Shetland, Moray Frith. Belg. Küste, VAN BENEDEN.
	61	Glaesvaer.	0—50		
		Helgoland, LEUCKART.			
Munida rugosa FABR. M. Rondeletii BELL. Brit. stalk-eyed Crust. 208.	44	Bei Hougesund.	106		Finnmarken, Lofoten, 200 F., Christiansund, Hardangerfjd. So 130 F., Christianiafjord (Dröbak) 50—100 F., SARS. Bohuslän, 60 F., GOËS. Shetland.
	63	Korsfjord Ausgang.	135-217	Theils Schlick, theils kleine Steine.	
	79	60 Seem. NO von Peterhead.	69	Sandiger Schlick.	
	55	Sölsvig.	100	Grauer kalkr. Schlick.	
Porcellana longicornis L. BELL l. c. p. 193.	47	Bergen Hafen.	0—50	Steine, Algen.	Bohuslän, Shetland, Northumberland. — Belg. Küste, VAN BENEDEN.
	91	Bass Rock.	24	Grauer schlick. Sand.	
	106	Haddokbank.	13½	Sand mit Muscheln und kleinen Steinen.	
	108	Norfolk Kuste.	12—25	Sand; kleine Steine; Sand und Schill.	
	111				
	112				
	113				
	137	Deutsche Bucht.	20—19	Sandiger Schlick mit und ohne Schaalen.	
	141				
	145				
	147	Desgl. W v. Helgoland.	20	Sand m. w. Schlick.	
	245	Kl. Belt.	16—10	Todtes Seegras.	

Artname und Litteratur.	Beob-acht.-N.	Fundort.	Tiefe in Faden.	Grund.	Geograph. Verbreitung.
Pagurus Bernhardus L.	84	SO von Peterhead.	50	Sand und Muscheln.	Durch die ganze Nordsee verbreitet und, wie die nebenstehenden Fundorte zeigen, auf allen Bodenarten und in
	94	O von Berwick.	34	Muscheln und kleine Steine.	
	102	Doggerbank.	12	Grand m. w. Schaalen.	Tiefen von o—50 F. Geht nordwärts bis Vadsö 'Finumarken). Sars. In der Ostsee vom Sunde bis zur Eckernförder- u. Kieler Bucht, Möbius. Auch von N.-Amerika, Kamtschatka und Un. Tschka b. kannt.
	105	Silverpit.	37	Schlick.	
	136	Deutsche Bucht.	19	Feiner grauer Sand.	
	156	Desgl.	21	Schlickiger Sand.	
	186	Desgl. Rhede v. List.	0—1	Sand, kl. Steine und Schaalen.	
	204	Kl. Fischerbank.	25	Feinergraugelber Sand und kl. Schlickballen.	
	225	N von Hirshals.	26	Schlick.	
	229	O von Skagen.	6	Feiner Sand m. Schaal.	
	9	Gr. Belt.	22—36	Steinig.	
Pagurus pubescens Kroyer. Nat. Tidssk. II. 251. P. Thompsoni Bell., Brit. stalk-eyed Crust. p. 372.	53	Solsvig.	0—20	Steinig.	Finnmarken bis L. de ... Hardangerfjord, 100—150 F. Sars. Bohuslän in der Tiefe auf schlickig-sand gem. Grund, doch auch zwischen Algen in 20 F. Tiefe, Gois. — Shetland, Northumberland, Durham bis zum westl. Abfall der Doggerbank, Norm.
	61	Glaesvaer.	0—50		
	44	Bei Hougesund.	106	Schlickig.	
	40	Schären b. Hougesund.	5—20	Steinig.	
	84	SO von Peterhead.	50	Sand und Muscheln.	
	213	WNW v. Hanstholm.	49	Sand.	
Pagurus laevis Thompson. Bell, l. c. p. 184.	40	Bei Hougesund. Schär.	5—20	Steinig.	Christiansund, Melbotten, 50—60 F., Gras und feiner Sand, Sars. — Shetland Northumberland, Durham, Norman.
	79	60 Seem. NO von Peterhead.	69	Sandiger Schlick.	
	102	Doggerbank.	12	Grand mit wen. Schaal.	
	213	WNW v. Hanstholm.	49	Sand.	
	219	Skagerrak.	80	Grauer Schlick.	
	227	N von Skagen.	52	Sandiger Schlick mit vielen Wurmrohren.	

C. Brachyura.

Artname und Litteratur.	Beob.-N.	Fundort.	Tiefe	Grund.	Geograph. Verbreitung.
Ebalia Cranchi Leach. Bell, Brit. stalk-eyed Crust. p. 148.	100	Doggerbank.	13	Sand mit Muschelschaalen.	Arendal, Möbius. — Bohuslän sehr selten, Lovén. Nicht bei den Shetlands Inseln; dagegen Firth of Forth, Northumberland, Durham, Norman. — Belg. Küste, Van Beneden.
	113	SO von Yarmouth. (Tiefe Rinne.)	23	Sand und Schill.	
	136	Deutsche Bucht.	19	Feiner grauer Sand.	
	137	Desgl.	20 u. 21	Sand. grauer Schlick.	
	139				
	143	Desgl.	16	Fein. Sand m. Schaal.	
	145	Desgl.	20	Sandiger Schlick.	
	147				
	201	W von Jutland.	22	Schlick, dunkler Sand.	
Ebalia tumefacta Montagu. E. Bryeri Leach. Bell l. c. 145.	112	OSO von Yarmouth.	25	Sand und Schaalen.	Langesund, 30—40 F., Sars. Bohuslän, 10 bis 20 F., schlickiger Sand, Goës. Shetland, Northumberland, Durham, Norman. Belg. Küste, Van Beneden.
Inachus dorsettensis Penn. Bell l. c. p. 13.	84	SO von Peterhead.	50	Sand und Muscheln.	Christiansund bis Bohuslän und Kullen. — Shetland sehr selten, Northumberland, Durham. — Belg. Küste, V. B.
Hyas araneus L. Bell. l. c. 31.	53	Solsvig.	0—20	Steinig.	Durch die ganze Nordsee verbreitet. Finnmarken bis Bohuslän und Kullen. Shetland bis zur Belg. Küste. Uebrigens bei Spitzbergen, Grönland u. im Schottischen Meere.
	108	Norfolk Küste.	12	Sand.	
	150	Helgoland Hafen.	0—6	Steine und Algen.	
	170				
	186	Lister Rhede.	0—1	Sand, kleine Steine und Schaalen.	
	208	N v. kl. Fischerbank.	26	Grober Kies.	
Hyas coarctatus Leach. Bell l. c. 35.	61	Glaesvaer.	0—50	Steinig.	Wie die vorige Art durch die ganze Nordsee verbreitet, doch im Süden spärlicher; tritt auch durchgehends in tieferen Zonen als H. araneus.
		Korsfjord Ausgang.	135—217	Theils Schlick, theils kleine Steine.	
		Hougesund Schären.	5—20	Steinig.	

Artname und Litteratur.	Bdtz. Nr.	Fundort.	Tiefe in Faden.	Grund.	Geograph. Verbreitung.
Hyas coarctatus LEACH. Friss. ang.	83	SO von Peterhead.	30	Muscheln mit Sand und kleinen Steinen.	Christiansund, Melsotten, 50—60 F., feiner Sand und
	84	SO von Peterhead.	50	Sand u. Muscheln.	Grus; Vallö, 30 F., Ss. — Bohuslän 60–70 F., G.
	91	Bass Rock.	24	Grauer schlick. Sand.	— Hellebäk, St. & LATK.
	99	Doggerbank.	13	Feiner Sand.	Shetland sehr häufig, NM.
	107	NO von Cromer.	15	Sand mit Muscheln und kleinen Steinen.	
	145	Deutsche Bucht	19½	Sandiger Schlick.	
	213	WNW v. Hanstholm.	49	Sand.	
	215	Desgl.	93	Grauer Schlick, Sand und kleine Steine.	
	219	Skagerrak.	80	Grauer Schlick.	
Stenochynchus rostratus L. St. phalangium PENNANT. BELL l. c. 2.	53	Solsvig.	0–20	Steinig.	Durch die ganze Nordsee verbreitet. Finnmarken bis Bohuslän; Kullen bis Kiel. Shetland, 5–70 F., harter Grund, bis Belg. Küste.
	35	Hvidingsoe.	0–5½	Weisser körn. Sand, Steine und Algen.	
	84	SO von Peterhead.	50	Sand und Muscheln.	
	105	Silverpit.	37	Schlick.	
	108	Norfolk Küste.	12	Sand.	
	111	Desgl.	16 u. 23	Kleine Steine; Sand und Schill.	
	113				
	135	Deutsche Bucht.	14½	Feiner grauer Sand mit Schaalen.	
	145	Desgl.	19½ u. 29	Sandiger Schlick.	
	155				
	170	Helgoland, Hafen.	0–6	Steine und Algen.	
	201	W von Jütland.	22	Schlick, dunkler Sand.	
		N von Hirshals.	26	Schlick.	
	236	Aalborgbucht.	6½	Todtes u. leb. Seegras mit Muschelschaalen.	
	246	Kl. Belt.	26		
Stenorhynchus longirostris FABR. St. tenuirostris LEACH. BELL l. c. 6.	113	SO von Varmouth. (Tiefe Rinne.)	23	Sand und Schill.	Shetland, Northumberland, NORMAN. — Belg. Küste, VAN BEN. In der Deutschen Bucht und an den scandin. Küsten bisher nicht aufgefunden.
Cancer pagurus L.	225	N von Hirshals.	26	Schlick.	Finnmarken bis Bohuslän u. Kullen. — Shetland bis Belg. Küste.
		Ostfries. Wattenm. M.	0–5	Harter schlick.-sandig. Grund.	
Pirimela denticulata MONT. BELL. stalk-eyed Crust. 72.	108	Norfolk Küste.	12	Sand.	Bei Bohuslän selten, Sandgrund 10 F., LOVEN.
	113	Desgl. Tiefe Rinne.	23	Sand und Schill.	
		Helgoland Hafen.	0–6	Steine und Algen.	
Pilumnus hirtellus L. BELL l. c. 68.	108	Norfolk Küste.	12	Sand.	Wie vorhergehende Art nur auf den südl. Theil der Nordsee beschränkt.
	113	Desgl. Tiefe Rinne.	23	Sand und Schill.	
		Helgoland (Hummerkästen).	0–1	Algen.	
Portunus holsatus FABR. P. lividus LEACH. BELL l. c. 109. HELLER, Crust. des südlichen Europa p. 85.	99	Doggerbank.	13 u. 12	Feiner Sand.	An den westlichen und südlichen Küsten der Nordsee überaus häufig; an der Norw. Küste viel seltener, Göts führt ihn gar nicht auf; ebenso G. O. SARS. — Shetland häufig; ebenso b. Tynemouth, Coquet und Berwick Bay, NORMAN, Belg. Küste noch gemeiner als Carcinus maenas, VAN BEN.
	101				
	113	Norfolk Küste. Tiefe Rinne.	23	Sand und Schill.	
	135	Deutsche Bucht.	10–19	Feiner Sand; grober Sand mit Steinen und Schill; sand. Schlick.	
	136				
	141				
	145				
	158				
	176	Desgl.	12–15	Feiner Sand; grober Sand m. Muschelsch.	
	195				
	196				
	199				
	201	W von Jütland.	19–22	Schlickiger Sand und feiner grauer Sand.	
	203				
	225	Skagerrak.	26	Schlick.	
	230	O von Skagen.	6	Feiner grauer Sand.	
	53	Solsvig.	0–20	Steinig.	

Artname und Litteratur.	Beob-achtgs-No.	Fundort.	Tiefe in Faden.	Grund.	Geograph. Verbreitung.
Portunus depurator (L.) LCH. BELL l. c. p. 101.	79	60 Seem. NO von Peterhead.	69	Sandiger Schlick.	Bergen, Arendal, Bohuslän, Kulla, Shetland, Res. NORMAN. In der südl. Hälfte der Nordsee meine Wissens nicht mit Sicherheit nachgewiesen.
Portunus pusillus LEACH. BELL l. c. 112.	40 79 102 107 108 201 203	Bei Hougesund Schär. 60 Seem. NO von Peterhead. Doggerbank. Norfolk Küste. W von Jütland. Desgl.	5 20 69 12 15 u. 12 22 19—22	Steinig. Sandiger Schlick. Grand m. w. Schaalen. Sand mit Muscheln u. kl. Steinen; Sand. Schlick. dunkler Sand. Feiner grauer Sand.	Bahusian, 10 15 F., Sandgrand, Gols, Shetland, Northumberland, Durham, NORMAN. — Belg. Küste, VAN BEN.
Portunus arcuatus LEACH. BELL l. c. 97.	35	Hvidingsoe. Aalborgbucht.	0 5½ 6½	Weisser korn. Sand; Steine und Algen. Todtes u. leb. Seegras mit Muschelschaalen.	Christiansund DAN., Arendal, MANUS., Christiansfjord, Laasholmen, 30 F., Tregoak, Abelsnaes, SARS, Koller, LILJB.
Platyonychus latipes PENN. Portunnus variegatus LEACH. BELL l. c. 85. HELLER, Crust. des südlichen Europa p. 93.		Ostfries. Inseln, M. Ebbelin. und	10—20	Sand mit und ohne Schlick.	In der Nordsee nur auf der südlichen Theil beschränkt. An den ostfries. Inseln oft in grosser Anzahl todt, aber ganz frisch zwischen Fluth- u. Ebbelinie; sodann wiederholt aus Schellfischmagen Norderneï 10 20 F.) M. Belg. Küste, V. BEN.
Carcinus maenas L.	126 127 134 135 162	Zuidersee. Desgl. Vor Ter Schelling. Desgl. Wilhelmshaven.	2½ 4½ 10 14½ 0	Sandiger Schlick. Sand und Schaalen. Sand und Schill. Feiner grauer Sand mit Schaalen. Schlick und Sand.	An allen Nordseeküsten. — Geht nordwärts bis Finnmarken; ist auch von Nord-Amerika bekannt.
Thia polita LEACH. BELL l. c. 365.		Vor d. Ostfr. Inseln M. 10	20	Sand und Schlick.	Scheint nur auf den südl. Theil d. Nordsee beschränkt. Von mir wiederholt in grossen und kleinen Exemplaren aus Schellfischmagen (Norderneï 10 -20 F.) genommen. Canal, M. EDW.
Atelecyclus septemdentatus MONTAGU. A. heterodon LEACH. BELL l. c.	84	SO von Peterhead.	50	Sand und Muscheln.	Christiansund, LILJB. Shetland gemein, Northumberland, NORM., Scarborough, BELL.
Corystes cassivelaunus PN. BELL l. c. p. 159.	91 138 144 145 203	Bass Rock. Deutsche Bucht. Desgl. W von Jütland.	24 22 19 u. 19½ 19—22	Grauer Schlick. Sand. Schlickiger Sand. Sandiger Schlick mit und ohne Schaalen. Feiner grauer Sand.	Ueber den 36⁰ nördl. Breite hinaus in der Nordsee nicht mehr vorkommend; häufig an der ostfries. Küste von ca. 8 Faden Tiefe an. Belg. Küste, V. BEN.
Pinnotheres pisum PENN. BELL l. c. 121.	101 204	Doggerbank. Ostfr. Wattenm., M. Kl. Fischerbank.	12 0 1 25	Feiner Sand mit Muschelschaalen. Aus Mytilus edulis; Schlickgrund. Aus Mactra solida; feiner Sand u. Schlickballen.	Bohusian.

II. Beschreibung der neuen Arten und Bemerkungen über einzelne der im vorstehenden Verzeichniss aufgeführten Crustaceen.

Amphipoda.

Dulichia monocantha nov. spec. Tab. VI. Fig. 8.

Caput antice paulum productum et rotundatum Epimerum primum in spinam longam productum, epimerum secundum margine posteriore rotundato, margine interiore recto et parum modo producto. Pedes secundi paris manu longiore quam latiore, dentibus duobus instructa, dente postico longiore et acuminato. Pedes quinti et sexti paris articulo tertio longitudinem quarti et quinti junctorum vix superanti. Pedes septimi paris articulo quarto longiore quam quinto, articulo tertio praelongato, longiore quam primo. Pedes saltatorii ultimi paris pedunculo vix dimidiam longitudinem rami interioris aequanti. Longitudo animalis c. 5 mm.

Die erste Epimere dieser wohl der D. porrecta am nächsten stehenden Art ist in einen langen, schräg nach vorn gerichteten und etwas nach innen gebogenen Dorn verlängert. (Tab. VI, Fig. 8.) Die oberen Fühler fast von Körperlänge, kräftiger und länger als die unteren; ihr zweites Glied ist etwa $2^1/_2$ mal so lang wie das erste, das dritte etwas länger als das zweite; auf das erste Geisselglied, welches ebenso stark und fast halb so lang ist wie das vorhergehende Stielglied, folgen noch drei allmählich abnehmende Glieder. Obere und untere Fühler sind an der Unterseite mit langen Haaren reichlich besetzt. Am ersten Fusspaar ist die Hand länglich oval (Fig. 8 a), kürzer als der Carpus und am Vorder- und Hinterrande sowie über der Insertion der Klaue mit Büscheln feiner und langer Haare bekleidet. Die Hand des zweiten Fusspaares (Fig. 8 b) ist mit zwei Zähnen bewaffnet; der hintere lang zugespitzte ist von dem kleineren durch einen tiefen Einschnitt getrennt, welcher auf der dem kleinen Zahn anliegenden Seite abstehende Haare trägt, ebenso ist der Palmarrand vor der Basis der Klaue und der Hinterrand zur Hälfte behaart. Die kräftige Klaue ist am Innenrande etwas geschwungen und am Aussenrande mit kurzen Haaren versehen. Drittes und viertes Beinpaar zart und schwach, ihr drittes Glied verbreitert sich etwas nach dem unteren Ende zu. Am 5. und 6. Beinpaar ist das erste Glied etwa so lang wie das dritte und dieses so lang wie die beiden folgenden zusammen, das 4. kürzer als das fünfte. Das dritte Glied des 7. Beinpaares ist sehr lang, länger als das erste, und das vierte mit einigen Dornen bewaffnete Glied länger als das fünfte.

Das zweite Paar der Springfüsse ragt nicht über das erste hinaus, der äussere Ast ist etwas kürzer als der innere und der Stiel kaum halb so lang als der äussere Ast. Das letzte Körpersegment wird nach hinten höher, und ist die Mitte des Hinterrandes in einen abgerundeten dreieckigen Fortsatz ausgezogen.

Fundort: Skagerrak, NW von Hirshals, 115 Faden Tiefe, dunkelgrauer Schlick; es wurden nur einige Exemplare gefischt.

Dulichia spec. dubia.

Ein defectes. Eier tragendes Weibchen, das ich bei keiner der beschriebenen Arten unterbringen kann, fand sich unter der Ausbeute von No. 106, Nähe der Haddokbank, 13½ Faden Sandgrund mit Muschelschaalen und kleinen Steinen. Der Kopf ist vorn nicht verlängert und kaum länger als das Basalglied der oberen Fühler; Augen gross, nach vorn und oben deutlich kugelig vorstehend. Obere Fühler von $^2/_3$ Körperlänge, zweites Glied reichlich doppelt so lang als das erste, drittes etwas länger. Die unteren Fühler reichen kaum bis zum Ende des dritten Stielgliedes der oberen. Weder die erste noch die zweite Epimere sind verlängert. Die Hand des zweiten Fusspaares ist fast zweimal so lang als breit, nach der Klaue zu schmaler, der Vorderrand gebogen, der Hinterrand gerade und in der Mitte unter Haarborsten mit einem schräg nach innen gerichteten schwachen Dorn bewaffnet. Zweites Paar der Springfüsse kürzer als das erste, äusserer Ast des letzteren Paares beträchtlich kürzer als der innere, welcher mit einem kürzeren und längeren Dorn endet. Die Seiten des Körpers, die hinteren Segmente, die beiden ersten Glieder der oberen Fühler, die Basalglieder der vorderen Beine, sowie die Schwimm- und Springfüsse und selbst die Brutplatten sind mit dunkelbraunen dendritisch verzweigten Pigmentflecken besetzt. Grösse fast 5 mm.

Hela monstrosa A. Boeck.

Diese seltene, bisher nur aus dem Christianiafjord bekannte Art, wurde vor Lindesnaes in 220 Faden Tiefe und bei Gross-Sartoro am Korsfjord aus 217 Faden in je einem weiblichen Exemplare angetroffen. Zu der kurzen Beschreibung von Boeck, in der nichts über die sexuellen Differenzen enthalten ist, kann ich Folgendes hinzufügen. Bei beiden vorliegenden Weibchen ist das erste Fusspaar etwas stärker als das zweite, die Hand aber nicht mit drei Zähnen, sondern nur mit zweien bewaffnet; während der kleinere von ihnen ungefähr am Ende des ersten Drittels vom schräg verlaufenden Palmarrande steht, nimmt der stärkere die Ecke ein. Die Klaue ist ausserordentlich lang und schlägt fast mit der Hälfte ihrer Länge seitlich über den Eckzahn hinaus.

Am zweiten Fusspaar ist die Hand schmaler und länger, fast von gleicher Länge mit dem Carpus, die eingeschlagene Klaue reicht nur wenig über den zahnlosen schrägen Palmarrand hinaus.

Das zweite Paar der Antennen ist fadenförmig, fast von doppelter Körperlänge, das 5. Glied sehr lang. Die Seiten des Kopfes laufen unten in zwei etwas nach vorn gekrümmte Spitzen aus; der Stirnschnabel ist kaum länger als die Zahnspitze, welche zu jeder Seite der oberen Fühlerwurzel steht. Die 4 ersten Epimeren sind vorn in eine zahnförmige Spitze ausgezogen, dahinter etwas ausgeschnitten und lappenförmig gerundet; die 5., 6. und 7. Epimeren liegen an der hinteren Hälfte des unteren Seitenrandes der entsprechenden Segmente, sie sind vorn abgerundet, nach hinten zu schmaler und mehr oder weniger spitz. Das erste Paar der Springfüsse reicht mit seinem Basalglied bis zur Mitte der Aeste des zweiten Paares; an beiden sind die äusseren Aeste etwas kürzer als die inneren; das dritte Paar reicht mit seinem Ast nur wenig über den Stiel des zweiten hinaus. Schwanzanhang dreieckig mit abgerundeter Spitze. Von den Mundwerkzeugen habe ich nur die äusseren Kieferfüsse untersucht, da ich keines der beiden Exemplare einer Section opfern wollte. Das zweite Glied des Palpus ist ausserordentlich gross und stark, es ist länger als die beiden folgenden Glieder zusammen und ragt mit einem Fünftel seiner Länge über die äussere Lade hinaus; der gerade Innenrand der äusseren oder hinteren Lade (lobus exterior) ist mit einer Reihe von 8 stumpfen, nach oben allmählich an Grösse zunehmenden Zahnen bewaffnet und der nach aussen bogenförmig abfallende Endrand mit einigen ebenfalls an Grösse zunehmenden Borsten besetzt; die innere oder untere Lade ist schmäler, hat einen gerade abgeschnittenen Endrand und ist hier wie an der oberen Hälfte des Innenrandes mit langen Borsten bewaffnet.

Siphonoecetes cuspidatus METZGER.

Die Röhren, in welchen diese Art wohnt, bestehen aus Sandkörnern und Muschelstückchen; sie scheinen sehr zerbrechlich zu sein, da bisher immer nur Bruchstücke oder ganz kurze noch am Thiere hängende Abschnitte dieser interessanten Röhrenwohnungen von mir aufgefunden wurden.

Noenia rimapalmata BATE.

Biologisch interessant wegen des Vorkommens auf Buccinum-, Fusus- und anderen Gehäusen, die von Eremitenkrebsen bewohnt werden und in der Regel mit Hydractinia oder auch mit Spongien überzogen sind; vor den ostfriesischen Inseln trafen wir dieselbe Art jedoch auch auf Alcyonium digitatum in Gesellschaft von Janira maculosa, Galathea intermedia und zweier Nacktschnecken, Tritonia plebeja und Aeolis rufibranchialis.

Byblis crassicornis nov. spec. Tab. VI. Fig. 9.

Femina. Corporis forma angustior, antennae vero robustiores quam in B. Gaimardi; segmentum postabdominis quartum in anteriore parte paulum transverso impressum, postice obtuse carinatum; segmentum postabdominis tertium in angulo inferiore posteriore rotundatum. Caput inter antennas superiores parum productum. Antennae superiores inferioribus haud multum breviores, articulo pedunculo secundo praelongato, ter longiore quam primo. Antennae inferiores articulo quarto parum longiore quam quinto. Pedes primi paris manu paulum breviore quam carpo; pedes secundi paris manu multo breviore quam carpo. Pedes tertii et quarti paris ungue tam longo quam articulo quinto. Pedes quinti paris articulo primo altiore quam lato, ovali, in margine posteriore lobo lato semiorbiculari instructo. Pedes sexti paris articulo primo marginibus fere rectis. Pedes septimi paris articulo primo ad marginem inferiorem articuli tertii deorsum et postice productum, articulo quinto lineari, vix breviore quam quarto, ungue styliforme paulo breviore quam articulo quinto. Appendix caudalis parum longior quam ad basin lata, postice angustior et rotundata in summo dimidio fissa, lacinia utraque in superficie spinis singulis armata. Longitudo corporis 8mm. — Habitat extra oras Norvegiae Jaederenses in profunditate 100 orgyarum.

Diese Art, welche leider nur in einem Exemplare vorliegt, unterscheidet sich auf den ersten Blick von Byblis Gaimardi durch kräftigere und längere obere Antennen. Das erste Stielglied ist länger und stärker als bei gleich grossen und selbst grösseren Individuen von Gaimardi; das zweite, fast dreimal so lang als das erste, reicht bis über das vierte Glied der unteren Fühler hinaus (bei Gaimardi kaum bis zur Hälfte des vierten). Die Zahl der Geisselglieder an beiden Fühlerpaaren ist fast gleich und überragen die oberen mit mehr als der Hälfte ihrer Geisselfänge den Schaft der unteren. Beide Fühlerpaare sind an der Unterseite mit langen Haaren besetzt. Das erste Glied des fünften Beinpaares ist oval, der convexe Vorderrand oben und unten abgerundet, der Hinterrand nach oben in einen stark gerundeten Lappen ausgezogen (Tab. VI, Fig. 9), dessen Umfang etwas mehr als einen halben Kreis beträgt; der Vorderrand ist wie fast bei allen Ampelisceen mit einigen gefiederten Borsten gesäumt, von welchen an dem vorliegenden Exemplare nur noch eine vorhanden war. Die Ränder des ersten Gliedes vom sechsten Fusspaare sind längs der unteren Hälfte gerade und an den Ecken nicht abgerundet. (Tab. VI. Fig. 9.) Das siebente Fusspaar zeichnet sich durch sein langes und schmales fünftes Glied aus, dem ein stielförmiges Klauenglied folgt, welches vor dem äussersten Ende mit einer schräg abstehenden Borste versehen ist. (Tab. VI. Fig. 9.) Das nach unten in Breite zunehmende dritte Glied trägt am Hinterrand le ein ge langc gefiederte Borsten, das vierte am Vorderrande drei Dornen, von denen der unterste die Ecke einnimmt; das erste Glied ist fast so lang wie die drei folgenden zusammen; seine hintere Erweiterung ist schräg nach unten gerichtet mit dem hinteren (oberen) Rande vollkommen gerade; der vordere (untere) Rand ist eine kurze Strecke dem oberen parallel und geht dann mit starker Abrundung in diesen über. Die hinteren unteren Winkel der drei ersten Postabdominalsegmente sind abgerundet; der Rücken des vierten ist vorn niedergedrückt und erhebt sich nach hinten in einen stumpfen Kiel. Von den Springfüssen ist das zweite Paar das kürzeste, es reicht etwa bis zur Mitte der Aeste des ersten Paares. Die Aeste des letzten Paares sind länger als das Basalglied, der innere Ast etwas kürzer als der äussere und am Innenrande mit drei kurzen Dornen, der äussere Ast dagegen am Aussenrande mit einer Reihe von vier Dornen bewaffnet. Das bis zur Mitte gespaltene Telson ist etwas länger als an der Basis breit, nach hinten verschmälert und sanft gerundet; auf der Oberfläche beider Lappen steht ein kurzer Dorn.

Das dunkle Pigment, welches die Augen von B. Gaimardi umgiebt und sich selbst bei Spiritus-Exemplaren erhält, scheint bei dieser Art zu fehlen.

Fundort: einige Meilen ausserhalb der Küste von Jaderen, S von Hvidingsoe, in 106 Fad. auf schlickigem Grunde.

Ampelisca Eschrichti KRØYER.

Die von KRØYER in Nat. Tidsskr. IV. p. 155 gegebene Diagnose reicht zur Unterscheidung von den später aufgefundenen Arten nicht aus. Die Merkmale, welche LILJEBORG und BRUZELIUS zur Unterscheidung von macrocephala angeben, passen auf die mir vorliegenden Exemplare; die Diagnose von BOECK in Amphip. bor. et arct. p. 144 weicht dagegen in einigen Punkten ab. Der tief gespaltene Schwanzanhang ist bei den von mir untersuchten Exemplaren nur ein und ein halb mal so lang als an der Basis breit (BOECK: ter longior quam latus); jede Hälfte ist am Ende etwas ausgeschnitten und in dem Ausschnitt mit einem kurzen Dorn bewaffnet, auch auf der Oberfläche jeder Hälfte stehen von der Mitte nach der Basis zu einige Dornen. Die untere hintere Ecke des dritten Postabdominalsegmentes ist in einen nicht so langen und weniger gekrümmten Zahn verlängert als bei macrocephala, auch ist der Hinterrand dieses Segments weniger tief S-förmig gebuchtet. Am ersten Fusspaar sind Carpus und Hand breiter als am zweiten, die Hand jedoch entschieden länger als die Hälfte des Carpus (BOECK: manu dimidiam carpi longitudinem aequantii). Der Carpus des zweiten Paares ist schmal und zweimal so lang als die Hand. Das vierte Glied des 7. Beinpaares ist am Vorderrande unterhalb der Mitte mit einem Dorn bewaffnet, bei dessen Insertion der Rand etwas zurückspringt; oberhalb dieses Absatzes befinden sich längs der Seitenfläche nahe am Vorderrande noch zwei kleinere Dornen. Das zweite Stielglied der oberen Fühler ist reichlich doppelt so lang wie das erste; das dritte der unteren ist eben über den Kopf hinaus verlängert.[*] Bisher ist A. Eschrichti an der norweg. Küste nicht südlicher als bei Finnmarken gefunden, ihr Vorkommen in der das südliche Norwegen umgebenden tiefen scandinavischen Rinne ist von besonderem Interesse, da hierdurch die Vermuthung bestärkt wird, dass diese sich nordwärts in den atlantischen Ocean öffnende Rinne den Weg bezeichnet, auf welchem noch heute der süd-scandinavischen Meeres-Fauna arktische Arten zugeführt werden.

Melita obtusata MONTAGU.

Die gewöhnliche Form des Männchens, Melita proxima in BATE and WESTWOOD's Sessile-eyed Crustacea p. 344. ist auf den sandigen und schlickig-sandigen Gründen der Deutschen Bucht ungemein häufig und zwar auf Asteracanthion rubens. Man trifft diese Art mit dem zugehörigen Weibchen, Megamoera Alderi, in

---

[*] Nachträgliche Bemerkung. Nachdem ich bereits mit diesem Verzeichniss abgeschlossen hatte, kam mir noch die soeben erschienene Arbeit von R. Buchholtz über die Crustaceen der deutschen Nordpolar-Expedition zu Handen. Die zweite deutsche Nordpolarfahrt. B. II. Wissenschaftliche Ergebnisse (Crustaceen p. 262 bis 398 mit 15 Tafeln). Auf p. 375 u. ff. ist Ampelisca Eschrichti vom Ued Zembla aufgeführt, die Beschreibung und auf Taf. XIII, Fig. 1 durch Abbildungen erläutert. Beschreibung und Zeichnung weichen ebenfalls von BOECK's Diagnose in verschiedenen Punkten ab; leider hat an meinem der Verfasser gewisse specifische Merkmale gänzlich unberücksichtigt gelassen, so dass ich in meiner Hoffnung, hiernach die Richtigkeit in ihrer Bestimmung zu prüfen, getäuscht wurde. Zuerst muss ich die Feder gegen von BUCHHOLTZ entschieden widersprechen, dass die beiden vorderen Fusspaare der einfachen Krallen-Füsse seien mit nicht gegen sich vorgegebenen "tiefel-zerschlagener Kralle", ein Charakter, den Verf. er auf Grund dreier untersuchter Individuen sogar der ganzen Familie der Ampelisciden zuschreibt. Allerdings ist bei allen bis jetzt bekannten Arten der Palmourand nicht deutlich ausgeprägt und gilt sowohl bei dem Hinterrand der, nichtsdestoweniger kann aber die Kralle gegen die einzuschlagen werden; bei der Glieder bilden das was man allgemein als manus bezeichnen zu können pflegt. In der Fig. 1, tab. XIII, hat das 7. Bein der 5 Glieder. Die Contoure des oberen hintersten Randes von zweien Gliede ist nicht hat an endem der Zeichnung vergessen. Sodann ist auf die Kralle, aber so schwach, in der Beschreibung wenig Gewicht gelegt, obwohl dann die Diagnose von Herrn und die Beschreibungen von Boeck hirin gänzlich bemerken, wie dieselbe fast für alle Ampelisca-Arten giltig sprechen die Merkmale dar setzt; dafür ist die Bewaffnung des 6. Beines von ihm, bisher wird dargestellt, mir schade, daß darin fast alle übrigen Arten bis auf geringe Dornen sowohl hinsse gemein überein... Sta... keine drittt für krøyer's Ampelisca Eschrichti, so konnte man noch der Abbildung mir eigentlich ab die roundliche... im positiver... ihr. Die carachter... Unterschiede der Ampelisca... über welche der Verfasser leider gleichfalls nur... wenn ... macrocephala, Eschrichti und Laevingunt...

Gesellschaft von Podalirius typicus fast auf jedem grösseren Seestern an. Auch LILLJEBORG hat seinen Gammarus maculatus auf Asteracanthion rubens gefunden, ein parasitisches Vorkommen, das ich für diese Art sonst nirgend weiter erwähnt finde. Die typische Form, MONTAGU's Cancer obtusatus, scheint in der Nordsee selten zu sein.

Tritropis Helleri BOECK.

Von dieser bisher nur aus einigen der tiefen Fjorde Norwegens bekannten Art wurde ein 12 mm grosses Exemplar in der tiefen Rinne des Skagerraks zwischen Arendal und Hirshals in 320 Faden auf schlickigem Grunde angetroffen. Die oberen Antennen sind 6 mm, die unteren 8 mm lang. Auf dem 1, 2. u. 3. Postabdominalsegment ist der Mittel- und Seitenzahn deutlich, auf dem 4. Mittelzahn und Kiel am deutlichsten, die Seitenzähne dagegen undeutlich. Der Hinterrand des ersten und zweiten Postabdominalsegments ist schwach crenulirt, der des dritten ziemlich stark gesägt. Die Spitzen des am Ende gespaltenen Schwanzanhanges weichen etwas aus einander.

Stenothoë marina BATE. (MONTAGU.)

Das von SP. BATE aufgestellte genus Montagua fällt mit Probolium COSTA und mit Stenothoë DANA zusammen. AXEL BOECK, dem wir hier folgen, vereinigt diejenigen Montagua-Arten, welche einen kurzen 3gliedrigen Mandibulartaster mit fast obsoletem dritten Gliede und einen eingliedrigen Palpus des ersten Maxillenpaares besitzen, zu der neuen Gattung Metopa, während Stenothoë alle Montagua-Arten ohne Mandibulartaster und mit 2gliedrigem Maxillarpalpus einschliesst. Beide, Stenothoë und Metopa, bilden mit der dritten gleichfalls neuen Gattung Cressa, die sich durch den 3gliedrigen Mandibulartaster an Metopa anschliesst, aber durch ihre oberen starken Antennen und durch die am Hinterrande tief eingeschnittene 4. Epimere auszeichnet, die besondere Gruppe Stenothoïnae, während bisher Montagua mit den Stegocephaliden vereinigt wurde. Vorstehende Art, sowie auch Stenothoë monoculoides MONTAGU habe ich wiederholt auf Buccinum-Gehäusen angetroffen, die von Eremitenkrebsen bewohnt und mit einem üppigen Rasen von Hydractinia echinata überzogen waren. Im ostfriesischen Wattenmeere findet sich St. monoculoides auch oft in grosser Zahl zwischen den Büscheln von Tubularia coronata.

Metopa pollexiana BATE. (Montagua.)

Diese Art, welche in der Nordsee bis jetzt nur von den Shetlands Inseln bis zur Küste von Northumberland (Tynemouth) aufgefunden ist, scheint mit KRÖYER's Leucothoë clypeata, Nat. Tidsskr. IV. p. 157. zusammen zu fallen. Auch BATE & WESTWOOD neigen zu dieser Ansicht und vermuthen in der von KRÖYER beschriebenen Form das Weibchen von Montagua pollexiana, Brit. Sessile-eyed Crustacea II. p. 499. BOECK führt die pollexiana nicht auf, stellt aber KRÖYER's Leucothoë clypeata zu dem Genus Metopa, wohin auch, wie ich mich durch Untersuchung der Mundtheile überzeugt habe, die Montagua pollexiana gehört.

Metopa Alderi BATE

wurde auf der Pommeraniafahrt nicht beobachtet, ist aber mehrfach von mir vor den ostfriesischen Inseln in 18 bis 20 Faden Tiefe auf Austerngrund gedredscht.

Lepidepecreum carinatum BATE & WESTWOOD.

Die zur Gruppe der Lysianassinen gehörige Gattung Lepidepecreum wurde 1868 von BATE & WESTWOOD in Appendix der Brit. sessile-eyed Crustacea aufgestellt. Sie unterscheidet sich von der KRÖYER'schen Gattung Anonyx nur durch den Mangel der Nebengeissel an den oberen Fühlern. Später (1870) hat A. BOECK das ältere Genus Anonyx in eine ganze Reihe von Gattungen zerfällt; von diesen ist Orchomene am nächsten mit Lepidepecreum verwandt und nur durch den Besitz der Nebengeissel davon unterschieden. Nächst Lepidepecreum (Anonyx) longicorne BATE ist Lysianassa umbo GOES, welche BOECK zu Orchomene stellt, am meisten mit Lepidepecreum carinatum verwandt. In der BOECK'schen Reihe der Lysianassinen Gattungen wurde also Lepidepecreum gleich hinter Orchomene seine Stelle einnehmen müssen.

Die von BATE & WESTWOOD gegebene Charakteristik der Gattung und Art ist nach einem defecten Weibchen entworfen und ausserdem in manchen Punkten mangelhaft; ich halte es daher nicht für überflüssig, hier eine ausführlichere Beschreibung folgen zu lassen.

Alle Mundtheile von dem seitlichen Kopflappen und der ersten Epimere bedeckt. Mandibeln viel länger als breit, an der löffelförmigen oder flach-helmförmigen Spitze ungezähnt; Palpus sehr lang und schlank, 2gliedrig, S-förmig geschwungen und weit hinter dem elliptischen, nicht sehr hervortretenden Kauhöcker eingelenkt.

Anmerkung. ...

Innere Lade (lobus interior) des ersten Maxillenpaares kurz und schmal, am Ende mit zwei Borsten; äussere Lade kräftig, an der Spitze mit ungleichen und unregelmässig zweireihig gestellten Zähnen; Palpus zweigliedrig mit feinzähnigem Endrand und hinter demselben schwach gerieft.

Maxillen des zweiten Paares mit schmalen und nicht sehr langen Laden, die äussere unbedeutend länger als die innere, beide nach den Enden zu mit Borsten bewaffnet.

Die hintere oder äussere Lade der Maxillarfüsse, welche eben über das dritte Glied des Palpus reicht, hat einen crenulirten Innenrand und ist hinter der Crenulirung bogenförmig gerieft; innere oder vordere Lade viel kürzer und schmaler, nur bis zum Ende des ersten, verhältnissmässig starken, Palpusgliedes reichend, an dem schief abgestutzten Ende mit einigen kleinen zahnartigen Vorsprungen und am Innenrande mit spärlichen Borsten bewaffnet.

Lepidepecreum carinatum BATE and WESTWOOD.

Körper hoch und seitlich comprimirt, Rücken stark gekrümmt und scharf gekielt, am 3. und 4. Postabdominalsegment in einen starken Zahn auslaufend; die Seiten am oberen Rande der Epimeren gekielt, Kiel auf der 4. und 5. Epimere am stärksten vortretend. Kopf fast etwas vom Körper abgeschnürt mit grossem seitlichen Lappen; Augen länglich, undeutlich begrenzt, an Spiritus-Exemplaren gelblich, sie liegen hinter der Insertion der oberen Fühler und hinter dem seitlichen Kopflappen. Basalglied der oberen Fühler dick, von oben in einen ansehnlichen Fortsatz ausgezogen; zweites Glied im Ausschnitte unterhalb des Fortsatzes, schräg nach unten gerichtet, ebenfalls oben etwas zahnförmig verlängert, doch nicht über das Ende des ersten hinausragend; drittes Glied beim ♂ sehr kurz, viertes viel länger, fast so lang wie die drei folgenden Geisselglieder zusammen, Geissel 7gliedrig, jedes Glied an der Unterseite mit langer (Riech?) Borste, beim ♀ sind drittes und viertes Glied fast gleich lang, die Borsten der Geisselglieder aber weniger entwickelt als beim ♂. Untere Fühler vom vorletzten Stielgliede an zurückgeschlagen, in Folge dessen ist der obere Rand des vorletzten Stielgliedes stark bogenförmig gekrümmt, am vorderen Ende desselben findet sich ein kleiner zahnförmiger Fortsatz; die Geissel ist beim ♂ länger als der Schaft und besteht aus c. 40 Gliedern, beim ♀ ist sie kürzer als der Schaft und zählt nur 4 bis 5 Glieder. Die unteren Fühler sind weit hinter den oberen inserirt und in ihrer zurückgeschlagenen Lage von den Epimeren bedeckt, weshalb sie ohne Wegnahme des Kopflappens und der ersten Epimeren nicht sichtbar sind.

Das erste Fusspaar ist im Ganzen etwas kräftiger als das zweite. Die Hand ist schmal oblong, nach dem Ende zu etwas schmaler und länger als der Carpus am Hinterrande, der kurze Palmarrand ist ausgeschnitten und vor dem sehr kleinen (in der Abbildung von BATE & WESTWOOD viel zu gross gezeichneten) Eckzahn mit Borsten bewaffnet, auch findet sich hinter der Insertion der kurzen gekrümmten Kralle jederseits eine Borstenreihe; das zweite Glied ist sehr kurz und mit dem dritten zusammen kaum länger als der Carpus. Das erste Glied des zweiten Fusspaares ist sehr lang und schlank, das zweite länger als das dritte, fast halb so lang wie das erste; der Carpus ist länger als die Hand, nach dem Ende zu breiter mit convexem Hinterrand; die Hand ist am hinteren Ende in einen kurzen zahnartigen Fortsatz verlängert, gegen dessen Spitze die kurze wenig gekrümmte Kralle einschlägt (chelate or subchelate B. & W.); der Vorderrand der Hand ist gebogen und hinter der Insertion der Kralle mit zwei Reihen gekrümmter Borsten besetzt.

Die Basalglieder des 5., 6. u. 7. Beinpaares sind nach vorn und hinten erweitert, ihr drittes nur nach hinten und unten erweitertes Glied ist fast rhombisch, der Hinterrand oben abgerundet, unten in eine scharfe Spitze ausgezogen.

Die 4. Epimere ist unten viel breiter als die vorhergehenden, hinten oben bis zur Hälfte ausgeschnitten für die fast quadratische Epimere des 5. Beinpaares. Die 6 ersten Epimeren erheben sich am oberen Rande zu einem Kiel, der am stärksten auf der 4. und 5. hervortritt. Die untere hintere Ecke des dritten Postabdominalsegments ist fast rechtwinklig, auch etwas abgestumpft.

An den drei zweiastigen Springfüssen ist der innere Ast ganz unbedeutend kürzer als der äussere; die Aeste des ersten Paares viel länger, die des zweiten fast eben so lang und die des dritten Paares wieder länger als das zugehörige Stielglied; der Stiel der beiden ersten Paare ist ausserdem an der oberen Seite mit Dornen bewaffnet. Die Aeste des letzten Paares sind lanzettlich, der äussere Ast an der Innenseite oben mit 4 bis 5 Dornen, der innere aussen mit einigen Dornen und längeren Borsten bewaffnet.

Caudalanhang lang und schmal, bis zum letzten Viertel der Aeste des dritten Schwanzfusspaares reichend, fast bis auf den Grund gespalten, nach dem Ende zu schmaler; jede Hälfte endet mit einem kurzen etwas nach aussen gebogenen Dorn.

Callisoma Kröyeri BRUZELIUS.

Ein Lieblingsaufenthalt dieser für die brittische und deutsche Nordsee-Fauna neuen Art scheint der Innenraum fast leerer Echinocardien-Gehäuse zu sein. Sowohl an der schottischen Küste, wie auch in der Deutschen Bucht, fanden sich hunderte von Individuen im Innern abgestorbener Exemplare von Echinocardium cordatum, die wenigen noch übrigen Reste des verwesenden Thieres verzehrend.

Isopoda.

Eurydice pulchra LEACH.

Die von G. O. SARS, Beretning om en 1865 foretagen zoologisk Reise ved Kysterne af Christianias og Christiansands Stifter, 1866, p. 36, beschriebene Slabberina agilis gehört wohl ohne Zweifel zu dieser Art. Die farbige Zeichnung der Rückenseite ist nach Ton und Anordnung variabel. Das erste und zweite Paar der Füsse ist 4gliedrig, wie auch SARS angiebt. Von den 6 Postabdominalsegmenten ist das erste sehr schmal und verschwindet an den Seiten unter dem vorhergehenden Segmente, das letzte ist gross, schildförmig und zeigt mehr oder weniger deutlich einen Quereindruck an der Basis. — Ein alles Lebende und Todte angreifender, äusserst lebhaft schwimmender Räuber, während der Ebbezeit auf dem vom Wasser verlassenen Strande der ostfriesischen Inseln unter angespülten Seesternen, Quallen und todten Fischen zurückbleibend, oder in Fluthrillen und selbst in der Brandung nach Beute eifrig umherjagend.

Sphaeroma rugicauda LEACH.

Dem Brackwasser angehörend. Wurde früher von mir als serratum FABR. aufgeführt; nachdem ich jedoch durch Herrn Prof. MÖBIUS Exemplare von Sphaer. rugicauda aus der Kieler Bucht erhalten habe, kann ich mit Sicherheit die ostfriesische Brackwasserform mit der in der westlichen Ostsee und im Sunde vorkommenden Art identificiren. Die Nordseeform ist indessen bedeutend grösser und im Verhältniss zu ihrer Breite weniger convex. Die Granulation, auch auf den vorderen Körpersegmenten, ist deutlicher, dagegen sind die zwei Höckerchen oder stärkeren Granula, welche fast bei allen Ostseeexemplaren auf der Mitte der Basis der Schwanzplatte sofort in die Augen fallen, weniger ausgeprägt. Der Aussenrand des äusseren seitlichen Schwanzanhanges wird bei BATE & WESTWOOD als ganz und nicht gesägt angegeben, nichtsdestoweniger zeigen alle von mir untersuchten Ostsee- und Nordsee-Exemplare am unteren Drittel dieses Randes mehr oder weniger deutlich einen oder zwei zahnartige Absätze, was mich verleitete, diese Art früher als eine granulirte Varietät von Sph. serratum zu betrachten. Höchst wahrscheinlich gehört hierhin auch die von LEUCKART bei Cuxhaven beobachtete Art (Sph. marginatum M. EDW.?, FREY & LEUCKART, Beiträge p. 158.).

Schizopoda.

Siriella norvegica G. O. SARS.

An der Küste von Norfolk wurde ein 11 mm. langes Exemplar einer Siriella gefischt, welches ich für die bislang noch nicht bekannte männliche Form der S. norvegica halte. — Der Cephalothorax verschmälert sich etwas nach vorn und zeigt am Ende des ersten Viertels eine geringe Einschnürung, seine hintere Ausrandung lässt drei Thoracalsegmente frei. Der Stirnschnabel ist kurz und erreicht noch nicht die Mitte des Stielgliedes der oberen Fühler. Zweites Glied der oberen Fühler klein, das dritte über dreimal so lang, an der in einen Fortsatz ausgezogenen Innenseite mit langen feinen Haaren dicht besetzt; äussere Geissel am Grunde etwas stärker als die innere, an der Innenseite mit an Länge abnehmenden Borsten besetzt. Die ziemlich breite Schuppe der unteren Fühler reicht bis zum Ende des Stieles der oberen, ihr Vorderrand ist schief abgeschnitten und wie der leicht gerundete Innenrand mit langen Borsten besetzt: der Aussenrand ist nackt und endigt mit einem kräftigen Zahn.

Beine dreigliedrig mit gekrümmter Endklaue, welche innen nahe am Grunde noch einen feinen etwas gebogenen Dorn zeigt. Das dritte Fussglied ist am Ende jederseits mit einer Reihe sehr feiner Borsten eingefasst, welche die Länge der Klaue weit übertreffen. Das grosse und breite Basalglied des Ruderastes ist nach aussen zu einer am Ende gerundeten Platte erweitert, die mit einer kleinen Zahnspitze endet; das freie Ende des Ruderastes ist 15gliedrig.

Abdomen allmählich verschmälert, letztes Segment länger als das vorletzte und kürzer als die beiden vorhergehenden zusammen. Mittleres Schwanzblatt schlank, vor der erweiterten Wurzel beiderseits etwas ausgeschnitten; oberhalb der Ausbuchtung trägt der Rand jederseits 4 grössere Zähne, hinter derselben folgen 3 ungleiche und dann in ungleichen Zwischenräumen 8 bis 9 grössere, die jedesmal durch eine Reihe von 3 bis 6 kleineren allmählich an Grösse zunehmenden Zähnchen getrennt sind. Aeusseres seitliches Schwanzblatt breiter als das innere, das letzte Viertel ist durch Gliederung mit dem übrigen Theile verbunden; Aussenrand bis zu dieser Gliederung mit 16 bis 17 Zähnchen, von denen der letzte am grössten; das abgesetzte Viertel ist wie der Innenrand mit langen Fiederborsten besetzt. Das innere seitliche Schwanzblatt ist am Aussenrande mit Fiederborsten, dagegen am Innenrande mit Fiederborsten und ziemlich starken Zähnen bewaffnet.

Die eigenthümlichen schlauchartigen Anhänge der Abdominalfüsse scheinen keine specifischen Merkmale darzubieten; sie haben fast ganz die Form, wie sie CLAUS bei Siriella Edwardsi abbildet: am ersten Abdominalfuss gabelig mit einer geraden und krummen Zinke, an den drei folgenden mehr oder weniger gegen einander eingerollt und am letzten wieder gabelig mit convergirenden ungleich langen Zinken.

Decapoda.

Sergestes Meyeri nov. spec. Tab. VI, Fig. 7.

Anfänglich glaubte ich die weibliche Geschlechtsform des Sergestes arcticus vor mir zu haben, allein eine genaue Vergleichung mit KRÖYER's ausführlicher Beschreibung liess alsbald einige sehr auffallende Unterschiede erkennen, welche mich veranlassen, die vorliegende Form als neu zu betrachten und zu Ehren des Herrn Dr. H. A. MEYER in Kiel zu benennen. Leider liegt nur ein einziges Exemplar vor, dessen Diagnose im Vergleich zu KRÖYER's Art folgendermassen gefasst werden kann.

Femina. Corporis forma sat longa et gracilis, Sergest. arctico Kroyeri simillima. Superficies scuti dorsalis in lateribus utrinque crista parum elevata, postice furcatim divisa ornata; ramus cristae superior ascendens, marginem scuti posteriorem attingens, ramus inferior postice evanidus.

Rostrum frontale perbreve, margo scuti dorsalis anterior ad basin rostri utrinque truncatus, deinde angulum prominentem formans (Tab. VI, Fig. 7¹): pone angulum in superficie scuti antica carinula postice divergens lenticula que instructa adest.

Oculi primo pedunculi antennarum superiorum articulo multo breviores, pyriformes, globulus a pediculo bene distinctus.

Pedunculus antennarum superiorum scuto dorsali tertia fere parte brevior, articulus ejus secundus et tertius invicem ejusdem longitudinis, junctique articulo primo parum modo longiores. Articulus pedunculi antennarum inferiorum ultimus subcylindricus, vix triplo longior quam latior, tertiam partem longitudinis appendicis foliiformis fere attingens.

Sextus abdominis annulus quintam longitudinis animalis partem haud aequans, annulis primo, secundo et tertio junctis brevior, longitudinem annulorum quarti quintique junctorum vix superans, duplo longior quam altior, appendiceque caudali media tertia circiter parte longior. Lamina caudalis media elongato-triangulata, apicem versus attenuata; extremitas sub setis plumosis dentibus tribus brevissimis vix articulatis, uno medio, ceteris angulos occupantibus instructa.

Longitudo animalis 58mm. Habitat in sinu Korsfjord Norvegiae in profunditate 337 orgyarum fundo limoso.

In den allgemeinen Bemerkungen zur Gattung Sergestes hebt KRÖYER*) als eine besondere Eigenthümlichkeit die freie, unbedeckte Lage der Kiemen hervor: in Folge der geringen seitlichen Entwickelung des Cephalothorax lagen die Kiemen an der Fusswurzel frei, es könne daher von einer besonderen Kiemenhöhle nicht die Rede sein. Bei S. Meyeri ist dies durchaus nicht der Fall, auch nicht bei S. atlanticus, auf welche Art MILNE EDWARDS die Gattung gegründet hat. Letzterer sagt ausdrücklich: Dans le Sergestes ces organes (le branchies) sont fixes sur les côtés du thorax, dans une cavité spéciale formée, comme chez les Crabes et les Ecrevisses, par les flancs d'une part, et par le bouclier céphalo-thoracique de l'autre. Annal. des sciences nat. XIX. p. 349.

Bei Sergestes Meyeri bedeckt die Seitenwand des Rückenschildes alle Kiemen vollständig, doch ist die Bedeckung so dünn und zart, dass sie sich ohne zu brechen leicht umklappen lässt, auch schimmern die Kiemen mehr oder weniger deutlich durch.

Einer anderen von MILNE EDWARDS betonten Gattungs-Eigenthümlichkeit, auf welche KRÖYER in seiner Monographie nicht weiter eingeht, muss ich hier in Bezug auf S. Meyeri ebenfalls widersprechen. L'abdomen», sagt M. EDWARDS, n'offre rien de remarquable, si ce n'est que les parties latérales de l'arceau supérieur de ses cinq premiers anneaux ne se prolongent pas inférieurement, de manière à cacher l'insertion des fausses pattes, comme cela a lieu chez les autres Salicoques».

Bei S. Meyeri lassen allerdings die Seitenstücke des ersten und zweiten Abdominalsegments die Einlenkung der zugehörigen Ruderfüsse noch mehr oder weniger frei, die des 3., 4. u. 5. Segments verlängern sich dagegen in einen nach unten und hinten abgerundeten feinbewimperten und die Insertion der Ruderfüsse vollständig bedeckenden Lappen. Derselbe ist indessen so dünn und durchscheinend, dass man die darunter liegenden Theile mehr oder weniger deutlich sehen kann. Als eine viel auffallendere Eigenthümlichkeit des Abdomens scheint vielmehr die starke seitliche Compression namentlich des letzten Segmentes betrachtet werden zu müssen, das beispielsweise an S. Meyeri bei einer Länge von 10mm und bei einer Höhe von 5mm nur einen Querdurchmesser von reichlich 1mm besitzt. Dimensionsunterschiede, welche in dieser Grosse bei den übrigen Gattungen der Cariden nicht weiter vorkommen.

Zur weiteren Charakteristik dieser interessanten Art füge ich der obigen Diagnose noch folgende Angaben bei.

Das erste Stielglied der oberen Fühler ist nach vorn verschmälert und daselbst schräg nach innen abgerundet. seine Basis ist aussen dick und angeschwollen, die Oberfläche nach der Mitte und dem Innenrande zu

---

*) Bidrag til Kundskab om de paa Frostiftring af Kongelige danske Sergestes, Naturhist. Mhyk. 1856, p. 14.

ausgehöhlt. Diese für die Augen bestimmte Hohl ng ist von drei Hautleisten umgeben, von denen die eine oberhalb der Basis schräg nach vorn und innen aufsteigt, die andere am Innenrande bis zum zweiten Fühlergliede läuft und die dritte mit quer zur Langsaxe schräg nach oben gerichteten Haaren den äusseren Rand der Höhlung einfasst. Zweites und drittes Stielglied, an der Innenseite gemessen, gleich lang, an der äusseren Seite ist das zweite in Folge des Vorsprunges des breiteren Basalgliedes etwas kürzer. Von den Geisseln ist die innere sehr kurz, etwa 3 ^{mm} lang, die äussere dagegen ungefähr von $\frac{2}{3}$ der Körperlange.

Die Schuppe der unteren Fühler reicht bis zur Mitte des dritten Stielgliedes der oberen, sie ist gegen 4 mal länger als breit; ihr schmaler nach innen abgerundeter Vorderrand, sowie der Innenrand, sind mit feinen Fiederborsten besetzt; der wenig convexe Aussenrand lauft in eine unbedeutende Zahnspitze aus; die Oberfläch zeigt eine schmal-lanzettliche, vollständig durchsichtige Stelle, die an der Aussenecke des Vorderrandes beginnend bis unter die Augen schräg nach innen herabläuft. Das letzte Stielglied der unteren Fühler ist fast cylindrisch kaum dreimal so lang als breit und reicht etwa bis zum Ende des ersten Drittels der Schuppe. Die Geissel ist stärker und kräftiger als diejenige der oberen Fühler und $3^{1}/_{2}$ mal so lang als der Körper. (205 ^{mm})

Der Cephalothorax ist seitlich comprimirt, nach vorn ein wenig verschmalert, der Rücken flach gerundet mit einer ganz seichten Vertiefung vor der Mitte. Die mittlere Partie des Vorderrandes ist zu beiden Seiten der kurzen dachformigen Stirnspitze etwas niedergedrückt und erhebt sich darauf zu einer vorspringenden Ecke von welcher eine anfangs schräg, dann gerade nach hinten und hier mit einem spitzen Zähnchen versehene Firste ausläuft. Der Rand hinter der Einlenkung der oberen Fühler geht schräg nach vorn und wendet sich darau über der Fühlerschuppe nach unten hinten, wo er unter einem stumpfen Winkel in den eine kurze Strecke weit gewimperten Seitenrand übergeht. Auf den Seitenflächen entspringt vor dem einen Branchiostagal chel ein kielartige, anscheinend hohle Leiste, welche sich kurz vor der Mitte der Seitenfläche gabelig theilt; der eine Ast geht bogenförmig aufsteigend bis nach dem Hinterrande, der untere schwächere lauft am Seitenrande paralle und erreicht den Hinterrand nicht.

Erstes Paar der Kieferfüsse (Tab. VI, Fig. 7), mit 4 gliedrigem Palpus, doch ist die Gliederung zwischen dem 2. u. 3. Gliede auf der Rückenseite sehr wenig markirt. Der Palpus trägt auf einer seitlichen schräg ab fallenden Erweiterung seines Basalgliedes drei gekrümmte lange Dornen, ebenso ist das zweite Glied an der Vorderseite mit 7 bis 8 nach oben allmählich an Grösse zunehmenden Dornen bewaffnet; das 4. Glied ist mit gefiederten Borsten besetzt und ragt mit seiner ganzen Länge über das innere Kieferblatt hinaus. Von den beiden Blättern des Kieferfusses ist das innere nur unbedeutend kürzer, dagegen aber viel kräftiger als das äussere sein gerundeter Vorderrand, sowie der Innenrand sind dicht mit echinulirten Borsten besetzt. Das äussere Blat ist ungleichseitig verschmälert (innen länger, aussen kürzer) und längs dieser Verschmalerung mit langen Fieder borsten besetzt.

Zweites Paar der Kieferfüsse wie bei allen Sergestes-Arten vom 4. Gliede an umgeschlagen; 4. u. 5. Glied gleich lang. 6. kaum halb so lang, alle an der Innenseite dicht mit Haaren und darunter mit feinen Dornen besetzt

Drittes Paar der Kieferfüsse vollkommen fussartig, doch kräftiger und etwas breiter als die drei ersten Thoracalfüsse und fast mit den beiden letzten Gliedern über die Fühlerschuppe hinausreichend.

Von den drei ersten Thoracalfüssen ist der dritte am längsten; er reicht mit seinem letzten fadenförmigen Gliede über die Fühlerschuppe hinaus, während das erste Paar nur bis an das Ende der Schuppe reicht. Die Gliederung bietet, wie auch KRÖYER bemerkt, keine specifischen Merkmale dar; sie ist bei dem schlanken, zarten Bau zum Theil nur sehr schwach markirt und nicht mit Sicherheit zu messen; die letzten Glieder werden all mehr oder weniger fadenförmig und bieten selbst die mit Haarbüscheln gekrönten rudimentären Scheeren de 2. und 3. Beinpaares keine zuverlässigen Merkmale.

Das 4. Paar der Füsse ist offenbar zur Schwimm- oder Ruderbewegung eingerichtet, alle Glieder sin platt gedrückt und am Hinterrande stark und dicht bewimpert; es ist viel kürzer als die vorhergehenden Bein und reicht nach vorn nur bis zum letzten Stielgliede der unteren Fühler; sein drittletztes Glied ist das längst (c. 6 mm), wahren d das letzte und vorletzte nahezu gleich lang sind. (4 ^{mm})

Letztes Beinpaar sehr kurz und schwach, eben über das halbe drittletzte Glied des 4. Paares reichend ebenfalls am Hinterrande stark bewimpert; letztes Glied viel kürzer als das vorletzte und dieses wiederum kurze als das vorhergehende.

Die Abdominalsegmente sind je weiter nach hinten, desto stärker comprimirt, ihr Rücken wird allmählich schmaler, so dass die 6. bei einer Länge von 10 und bei einer Höhe von 5 ^{mm} in der Mitte des Rückens n $^{7}/_{1}$ ^{mm} breit ist; nach dem Hinterrande zu wird die Ruckenflache des 6. Segments wieder etwas breiter, de Hinterrand selbst endet mit einer Spitze, neben der jederseits einige nach aussen an Grösse abnehmende Fieder borsten stehen, der bogenformige Unterrand ist stark bewimpert.

Die Seitenstücke des ersten und zweiten Abdominalsegments lassen die Einlenkung der Ruderfüsse fre die des 3., 4. u. 5. verlängern sich dagegen in einen nach unten und hinten abgerundeten feinbewimperten Lappen welcher die Einlenkung der Ruderfüsse bedeckt, doch ist die Panzerdecke so d an end zart, dass die darunte liegenden Theile mehr oder weniger deutlich durchschimmern.

Das erste Paar der Ruderfüsse ist einastig und schlanker als die folgenden, deren Basalglieder nach dem unteren Ende zu etwas stärker werden. Der starker bewimperte Hinterrand des Basalgliedes vom 5. Paar ist gerade, während der Vorderrand in der unteren Hälfte stark gerundet und hier fast doppelt so breit als oben ist. Die äusseren Aeste der 4 letzten Schwimmfusspaare sind etwa 2 bis 3 mal so lang als die Basalglieder, die inneren etwas kürzer, beide laufen in fadenförmige Spitzen aus, die sich nach dem Tode des Thieres mehr oder weniger spiral einrollen. Mitten auf der Bauchfläche zwischen dem ersten Paar der Ruderfüsse befindet sich eine abgerundete zapfenförmige Hervorragung.

Das mittlere Schwanzblatt verschmälert sich von der seitlich gerundeten Basis an ziemlich stark, ist um $^1/_3$ kürzer als das 6. Abdominalsegment, circa 7 mm. lang und endet unter stark gefiederten Haarborsten mit drei sehr kurzen Zähnen, die von der Fläche nicht abgesetzt sind; etwa zwei Drittel des Randes sind mit gefiederten Haarborsten besetzt; die Mitte der Rückenfläche ist der Länge nach furchenartig vertieft und zeigt in der unteren Hälfte eine schmale fast vollkommen durchsichtige dünne Stelle. Die seitlichen Blätter sind lineal-lanzettlich, das äussere etwa 4 mm. länger als das innere, welches ringsum mit gefiederten Borsten gesäumt ist; das äussere ist am Innenrande ebenfalls mit Fiederborsten besetzt, längs des unteren Aussenrandes aber nur in abnehmender Länge bis zu einem durch einen schwachen Zahn begrenzten Vorsprung, der nicht ganz um $^3/_4$ der Länge von der Basis entfernt ist.

Bezüglich der Färbung des lebenden Thieres kann ich noch hinzufügen, dass mit Ausnahme sehr kleiner und zahlreicher rother Sternflecken jedes Pigment zu fehlen scheint; das Körperintegument ist so dünn und durchsichtig, dass die darunter liegenden inneren Theile, namentlich des Cephalothorax, mit ihren eigenthümlichen hell oder dunkelröthlichen bis gelblichen Farbentönen durchscheinen.

Schliesslich mögen hier noch einige der wichtigsten Maasse Platz finden.

Körperlänge (von der Stirnspitze bis zum Ende des mittleren Schwanzblattes)	58mm.
Cephalothorax (Rückenlinie)	19$^1/_2$ mm.
Grösster Querdurchmesser des Cephalothorax (dicht unterhalb des bogenförmig aufsteigenden Kieles)	7mm.
Sechstes Abdominalsegment (Rückenlinie)	10mm.
Kleinster Querdurchmesser des 6. Abdominalsegments	1mm.
Mittleres Schwanzblatt	7mm.
Aeusseres seitliches Schwanzblatt ohne Grundglied	11$^1/_2$mm.
Der Zahn am Aussenrande dieses Blattes ist von der Spitze entfernt	c. 3mm.
Inneres seitliches Schwanzblatt ohne Grundglied	7mm.
Schaft der oberen Fühler	14mm.
Grundglied desselben	6mm.
Aeussere Geissel	40mm.
Innere Geissel	3mm.
Schuppe der unteren Fühler	c. 10mm.
Grösste Breite derselben	fast 8mm.
Geissel der unteren Fühler	205mm.
Letzter Thoracalfuss vom Basalgliede an	fast 9mm.
Länge der Augen	4mm.

Ausser drei kleinen Arten, welche KROYER als angeblich aus dem nördlichsten Kattegat stammend beschreibt, die aber, so viel mir bekannt, bis jetzt noch nicht wieder aufgefunden sind, und ausser einer unbestimmten Art, welche G. O. SARS 1870 in einem einzigen ganz jungen, vollkommen wasserklaren Exemplare bei Mosterhavn (Hardangerfjord) in 150 Faden Tiefe gefischt hat, ist dieses merkwürdige Decapodengeschlecht bislang an den nordeuropäischen Meeresküsten nicht beobachtet worden. Sergestes arcticus, dem unsere Art am nächsten kommt, stammt von Grönland.

Palaemonetes varians LEACH.

In der Brackwasserregion der ostfriesischen Festlandsküste sehr häufig. Ich habe diese Art früher irrthümlich unter Palaemon Leachii BELL aufgeführt. Die Veränderlichkeit des Rostrums und die unvollständige Beschreibung BELL's liessen mich lange über diese fast pellucide Garneele in Zweifel, bis mir HELLER's Aufsatz in der Zeitschrift für wissenschaftliche Zoologie Bd. XIX. p. 156 zu Händen kam. Eine genaue Untersuchung der Mundtheile ergab sofort die Identität mit Palaemonetes varians (LEACH) HELLER. Die Körperlänge der ostfriesischen Exemplare beträgt durchschnittlich 41 bis 42mm. (Spitze des Rostrums bis Ende des mittleren Schwanzblattes.) Unter 16 Individuen hatten 10 ein zweispitziges Rostrum, 6 eine einfache Schnabelspitze. Die Anzahl der Zähne oben und unten war bei 13 Individuen $\frac{5}{2}$; bei den übrigen 3 $\frac{6}{2}$. Von den drei Geisselfäden der oberen Fühler ist der kürzeste bis zum 16. oder 17. Gliede mit dem benachbarten längeren verwachsen und nur mit 5 oder 6 Gliedern frei. — Bezüglich des Salzgehaltes der Aufenthaltsstellen von Palaemonetes varians kann ich anführen, dass ich ihn in Wasser vom specifischen Gewichte 1.0095 bis 1.0243 angetroffen habe, das ist von 1.24 bis 3.18⁰/₀ Salzgehalt. Der letztere Procentsatz war in den Marschgräben (bei Carolinensiehl) durch anhaltend trockenes Wetter und starke Verdunstung ganz allmählich herbeigeführt. Innerhalb des Wattenmeeres, wo der Salzgehalt in den Sommermonaten zwischen 2,15 und 3.32 Procent schwankt, findet sich Palaemonetes varians nicht.

Virbius fasciger GOSSE.

Diese Art ist von Virbius varians nur durch kleine hinfällige Buschel lanzettlicher Fiederborsten verschieden, welche den Cephalothorax in mehreren Querreihen und die Abdominalsegmente längs des Rückens zieren. Die Beschaffenheit des Rostrums in Beziehung auf die Lage des unteren Zahnes ist veränderlich, und daher fasciger ohne das leicht abfallende Ornament nicht mit Sicherheit von varians zu unterscheiden.

Hippolyte Cranchi LEACH.

Bei Hvidingsoe wurde ein Exemplar in ganz geringer Tiefe gefischt, das mir durch die regelmässige und zierliche Bewaffnung der drei hinteren Thoracalfüsse auffiel. Das 3. u. 4. Beinpaar ist an der unteren Seitenhälfte des 4. Gliedes (Tab. VI, Fig. 10) mit 14 kegelförmigen Dornen besetzt, deren Oberfläche bei hinreichender Vergrösserung einige seichte, schräg verlaufende Furchen zeigt; das 5. Beinpaar hat an demselben Gliede nur 6 Dornen. KROYER erwähnt bei der Beschreibung von Hippolyte mutila (= H. Cranchi) nichts von diesen Dornen, nur in den allgemeinen Bemerkungen zur Gattung Hippolyte führt er an, dass das 4. Glied des 3. und 4. Beinpaares in der Regel mit einer Reihe von höchstens 7 bis 8 Dornen bewaffnet ist. Am Seitenrande des mittleren Schwanzblattes fanden sich bei dem vorliegenden Exemplar jederseits 4 Dornen oder Zähne; KROYER giebt 5 oder 3, BELL 4 an.

Hippolyte polaris SAB. et H. borealis (OWEN) KROYER.

Die Form des Rostrums scheint sehr veränderlich. Keins der vorliegenden Exemplare stimmt mit KROYER's Beschreibungen ganz überein; bei allen zeigt ausserdem das mittlere Schwanzblatt eine viel grössere Zahl von Seitendornen (9 bis 11), als KROYER angiebt. Schon GOËS führt H. borealis als die vermuthliche männliche Geschlechtsform unter H. polaris auf. — Crustacea decapoda marina Sueciae, Öfvers. Vet. Akad. Förhandl. 1863. p. 170. — Später hat G. O. SARS im Hardangerfjord alle Uebergänge zu der von KROYER als borealis OWEN beschriebenen Art aufgefunden und darin mit Sicherheit die in der Schnabelbildung äusserst variable männliche Geschlechtsform von polaris erkannt. — Undersögelser over Hardangerfjordens Fauna, Christiania's Vid.-Selsk. Forhandl. 1871. p. 260.

Hippolyte costata LEUCKART.

Von LEUCKART bei Helgoland aufgefunden und 1847 in den Beiträgen von FREY & LEUCKART beschrieben; nachher, so viel mir bekannt, nicht wieder bei Helgoland beobachtet. Der Beschreibung nach gehört diese Art auf keinen Fall zur Gattung Hippolyte, vielmehr zu Crangon oder Pontophilus. Wie ich mit grosser Wahrscheinlichkeit vermuthe, hat ein jugendlicher Pontophilus norvegicus vorgelegen, der soeben den Larvenzustand verlassen hat. Das zeitweise, vereinzelte Vorkommen dieser der scandinavischen Küste angehörigen Art bei Helgoland hat durchaus nichts Auffallendes, da die Larven- und Jugendformen mehr pelagisch oder doch nicht in sehr tiefem Wasser zu leben scheinen und deshalb dann und wann durch Strömungen aus dem westlichen Skagerrak in den südlichen Theil der Nordsee geführt werden können.

Bythocaris simplicirostris G. O. SARS.

Ein 22½ mm. grosses Exemplar dieser seltenen bisher nur bei den Lofoten (250 Faden) und ausserhalb der norwegischen Fischerbank Storeggen (400 Faden) in je einem Exemplare beobachteten eigenthümlichen Caridenform wurde bei Mandal in 60 Faden Tiefe mit Hippolyte polaris zusammen gefischt. Die von G. O. SARS in Nye Dybvandscrustaceer fra Lofoten, Vid.-Selsk. Forhandl. 1869, gegebene Beschreibung kann ich durch Nachfolgendes ergänzen.

Ungefähr in der Mitte des Cephalothorax erhebt sich ein schwacher Kiel, der an seiner höchsten Stelle zwei Zähnchen trägt, dann nach vorn steil abfällt und in den spitzen Stirnschnabel übergeht; dieser reicht kaum bis zum Ende des ersten Stielgliedes der inneren Fühler, hat keine Zähne und verbindet sich am Grunde jederseits mit den nach aussen aufgebogenen oberen Orbitalzähnen zu einer dreispitzigen zu beiden Seiten des schwachen Kieles etwas ausgehöhlten Stirnfläche. Ausser dem unteren Orbitalzahn ist noch ein Stachel hinter der Einlenkung der unteren Fühlerschuppe, etwas vom Vorderrande abgerückt, vorhanden. Der Uebergang des Vorderrandes in den Seitenrand ist abgerundet und ohne Stachel. Die Seitentheile des 3., 4. u. 5. Abdominalsegments sind in eine Spitze ausgezogen, und selbst die rundliche Erweiterung des zweiten Segments zeigt in der Mitte des Unterrandes eine ebensolche aber kleinere Spitze. Die Rückenfläche der vier letzten Abdominalsegmente und der mittleren Schwanzlamelle ist mit einigen steifen, leicht abbrechenden Borsten besetzt. Das mittlere Schwanzblatt ist länger als die beiden vorhergehenden Segmente zusammen; sein abgestumpftes und in der Mitte etwas ausgeschnittenes Ende ist mit 4 Paaren ungleicher Dornen und im Ausschnitt mit einer feinen Borste bewaffnet.

Das Grundglied der inneren Fühler ist aussen mit einem gekrümmten und etwas abstehenden Stachel versehen, der die Länge des Gliedes nicht ganz erreicht. Die äusseren Maxillarfüsse reichen bis zur Mitte des Blattanhanges der unteren Fühler. Der Carpus des zweiten Paares der Thoracalfüsse ist 10gliedrig, erstes und letztes Glied am längsten, 2. u. 3 am kleinsten. Die inneren Aeste der beiden ersten Schwimmfüsse sind sehr kurz.

Nika edulis Risso.

Mit Ausnahme des Vorkommens in der Umgebung der Shetland-Inseln ist diese an den Westküsten Frankreichs und im Mittelmeere verbreitete Art bislang nicht in der Nordsee beobachtet. Ihr Erscheinen in der Deutschen Bucht weist entschieden auf eine Einwanderung durch den Canal hin. Es wurden im Ganzen 4 jugendliche Exemplare gefischt, das kleinste von 11 mm., das grösste von 16 mm. Körperlange. Drei von ihnen fanden sich nordwärts von der Insel Vlieland, Station 137 u. 138, in einem Abstande von ca. 48 50 Seemeilen von der Küste, das 4. nördlich von Helgoland, Station 177. Die Verbindungslinie beider Fundorter stimmt mit der vom Canal herkommenden Fluthströmung überein.

III. Ueber die Crustaceenfauna der Nordsee diesseits und jenseits der Doggerbank.

In Folge der unmittelbaren Wahrnehmungen, welche auf der Fahrt der Pommerania bezüglich des faunistischen wie des physikalischen Verhaltens der Nordsee diesseits und jenseits der Doggerbank gemacht wurden, schien es mir nicht ohne einiges Interesse, die Fauna der Deutschen Bucht von Texel (Holland) bis Blaavandshuk (Jutland) mit derjenigen des Nordseegebietes zwischen dem westlichen Abhang der Doggerbank und den Küsten von Yorkshire bis zum Firth of Forth einer eingehenden Vergleichung zu unterziehen. Die aus dieser Vergleichung resultirenden Unterschiede sind in folgender summarischen Uebersicht enthalten.

Deutsche Bucht		Northumberland
Decapoda	30	40 Arten, wovon beiden Gebieten gemeinsam 21,
Schizopoda	7	8 „ „ „ „ „ 7.
Cumacea	3	8 „ „ „ „ „ 3,
Isopoda	11	22 „ „ „ „ „ 10.
Amphipoda	46	89 „ „ „ „ „ 41.
Crust. Podophthalmata et Edriophthalmata	97	167 Arten, wovon beiden Gebieten gemeinsam 82.

Von den 97 Arten der Deutschen Bucht werden also nur 15 nicht bei Northumberland angetroffen, wohingegen von den 167 Arten der Fauna jenseits der Doggerbank 85 in der Deutschen Bucht vermisst werden.

Es entsteht nun die Frage: Können diese Unterschiede einfach für den Ausdruck der ungleich genauen Durchforschung beider Gebiete gelten, oder sind sie, wenn auch nur zum Theil, durch physikalische Ursachen bedingt? Was den ersten Theil der Frage betrifft, so habe ich darauf nur zu bemerken, dass die Schleppnetzarbeiten, welche von mir in den Jahren 1868 bis 71 vor den ostfriesischen Inseln ausgeführt sind, sowie die mit allen nur wunschenswerthen Hülfsmitteln ausgestattete Fahrt der Pommerania durchaus nicht die Vermuthung aufkommen lassen, als wurde sich die Fauna der Deutschen Bucht bei fortgesetzter Untersuchung in dem Masse reicher an Arten zeigen, in welchem sie nach dem gegenwärtigen Stande unserer Kenntniss von der Fauna jenseits der Doggerbank übertroffen wird. Zur Beantwortung des zweiten Theiles der Frage mag das Folgende dienen.

Unter allen auf die geographische Verbreitung der Meeresthiere einwirkenden Factoren spielen erfahrungsgemäss die Temperaturverhältnisse die wichtigste Rolle. Obschon wir nun von den climatischen Verhältnissen der Nordsee noch sehr wenig wissen, so lassen sich doch, wie ich gleich zeigen werde, aus den während der Pommeraniafahrt angestellten Temperaturbeobachtungen gewisse faunistische Unterschiede beider hier in Betracht kommender Gebiete nicht allein schon von vornherein vermuthen, sondern sogar nach zwei Richtungen hin ganz bestimmt charakterisiren.

Vergleicht man nämlich die Temperaturen von Station 92 bis Station 225, so ergiebt sich, dass alle Wasserschichten der Nordsee diesseits der Doggerbank, oder, um die Lage genauer zu fixiren, diesseits einer Linie etwa von Scarborough bis zum südlichen Eingang in den Skagerrak oberhalb Hansthollmen und Hirshals, im Monat August von der Oberfläche bis zu 20 bis 30 Faden nahezu eine gleichhohe Temperatur besitzen, während jenseits dieser Linie die tieferen Wasserschichten erheblich kühler bleiben als diejenigen der Oberfläche. Um diesen Unterschied anschaulicher zu machen, werden folgende Beispiele genügen.

Diesseits		Jenseits	
Station 112	Station 155	Station 97	Station 213
OSO v. Yarmouth, 20. Aug.	S v. Helgoland, 27. Aug.	W-Seite d. Doggerb., 15. Aug.	W v. Hanstholm, 5. Sept
Oberfläche 13,8° R.	Oberfläche 14,0 "	Oberfläche 12,7°	Oberfläche 12,5°
25 Faden 13,8	10 Faden 13,8	36 Faden 6,0	10 Faden 8,4
	29 Faden 13,8		20 Faden 6,7
Differenz 0"	0,2		30 Faden 6,2
			49 Faden 5,8
		Differenz 6,7	6,7

Wie sich diese Verhältnisse für den kältesten Monat gestalten, darüber fehlt es zur Zeit noch an ausreichenden Beobachtungen, doch scheint in beiden Gebieten die Wintertemperatur in 20 bis 30 Faden Tiefe nicht unter 3° herabzugehen. Während also die jährliche Temperaturschwankung jenseits der Doggerbank in der genannten Tiefe kaum 3° betragen wird, erhebt sie sich in der Deutschen Bucht zu dem 3 bis 4mal grösseren Betrage von 10 bis 11°.

Nun scheint wohl nichts natürlicher als die Annahme, dass es eine Reihe von Thierarten geben wird, deren Temperaturgrenzen, sei es überhaupt oder in Bezug auf einzelne Ordinaten der jährl. Curve, näher zusammen liegen und die daher innerhalb der Nordsee längs jener Linie, oder doch mehr oder weniger parallel damit, ihre südliche oder respective ihre nördliche Verbreitungsgrenze finden müssen. Ist diese Annahme richtig, so folgt daraus, dass diejenigen Arten der Deutschen Bucht, welche der Fauna jenseits der Doggerbank fehlen, der Mehrzahl nach südliche Formen sein müssen, für welche die dortige niedrige Sommertemperatur zur gedeihlichen Entwickelung und Fortpflanzung nicht mehr ausreicht, und ferner umgekehrt, dass diejenigen Arten der Fauna von Northumberland, welche in der Deutschen Bucht vermisst werden, der Mehrzahl nach nordischer Herkunft sein müssen, oder doch nicht geeignet erscheinen, eine hohe Sommertemperatur zu ertragen.

Prüfen wir nun die nicht gemeinsamen Arten beider Gebiete nach dieser Beziehung, so stellt sich in der That Folgendes heraus.

Von den 15 Arten der Deutschen Bucht, welche nicht jenseits der Doggerbank angetroffen werden, weisen 10 ganz entschieden nach Süden hin, während die übrigen 5 in dieser Beziehung als neutral bezeichnet werden müssen, d. h. nach dem jetzigen Stande unserer Kenntniss weder für noch gegen unsere Ansicht sprechen. Drei von diesen letzteren sind bislang nur von Helgoland bekannt, Ligia granulata, Amphithoe gibba und Atylus falcatus; von den beiden anderen ist Orchomene pinguis an der W-Küste Norwegens und Caridion Gordoni bei den Shetland-Inseln und gleichfalls bei Norwegen verbreitet. Die südlichen Arten sind: Pirimela denticulata, Pilumnus hirtellus, Platyonychus latipes, Thia polita, Callianassa subterranea, Gebia deltura, Nika edulis, Palaemonetes varians, Melita palmata, Orchestia Deshayesii. Dies Contingent wird in der äussersten südwestlichen Ecke der Nordsee (Belgische Küste) noch verstärkt durch Maja squinado, Pilumnus spinifer, Pisa armata, Palaemon serratus, Nerocila bivittata und einige andere. Mit Ausnahme von Nika und Pirimela fehlen die vorhin genannten sowohl an der W-Küste von Norwegen als auch bei den Shetland-Inseln und sie weisen daher ohne Frage auf eine Einwanderung durch den Canal hin.

Auf der anderen Seite ergiebt sich für die Fauna von Northumberland ein ebenso entschiedenes boreales Uebergewicht. Sehen wir uns nämlich die 85 Arten (von Northumberland), welche in der Deutschen Bucht vermisst werden, auf ihr Vorkommen und ihre Verbreitung in den übrigen Theilen der Nordsee, sowie ausserhalb derselben, genauer an, so lassen sie sich in drei Abtheilungen bringen. Erstens littorale Arten, die zwischen Fluth- und Ebbelinie leben, oder doch nur in ganz geringer Tiefe gefunden werden; zweitens südliche Arten, oder mit anderen Worten Arten, welche an den Südküsten Englands, an der Westküste Frankreichs und meist auch im Mittelmeere verbreitet sind und von denen alle, soweit sie nicht an der belgischen Küste oder an derjenigen von Essex und Suffolk gefunden werden, ihren Weg in die Nordsee um Schottland herum genommen haben; drittens endlich Arten von rein borealem Charakter, die nach ihrer übrigen Verbreitung zu urtheilen, nicht geeignet erscheinen, eine hohe Sommertemperatur zu ertragen.

Für die erste Abtheilung möchten die Verbreitungshindernisse wohl in der niedrigen Wintertemperatur des flachen deutschen Strandes zu suchen sein und sodann in der geringen Ausdehnung der Algenvegetation, die in der Deutschen Bucht fast nur auf den Felsen von Helgoland beschränkt ist. Wie gross der climatische Unterschied im Strandgürtel diesseits und jenseits der Doggerbank sein kann, zeigt annähernd folgende Zusammenstellung.

Dunbar: Meerestemperatur an der Oberfläche für Februar   3,7° R. (8jähr. Mittel).
             niedrigste beobachtete Temperatur   2,2°.
List auf Sylt. Meerestemperatur an der Oberfläche für Februar   − 0,73 (1jähr. M. 1873).
             niedrigste beobachtete Temperatur   − −1,04.

Während bei Dunbar die Temperatur der Oberfläche vom September bis zum Januar im Mittel von 10° bis auf 5,3° herabgeht, ging sie bei Borkum 1869 vom 13. Sept. bis 25. Debr. von 13° bis auf 0,5° herab und selbst noch in einer Tiefe von 7 Faden in derselben Zeit von 13° bis auf 1°. (Möbius.) Als solche littorale Arten möchten in erster Linie zu bezeichnen sein Porcellana platycheles und Sulcator arenarius, sodann Amphithoë rubricata, Lysianassa longicornis, Apseudes Latreillei, mehrere Caprellen, Tanais vittatus und andere.

Was die Arten der zweiten Abtheilung betrifft, so sind die meisten von ihnen nicht allein im Süden von England, an der französischen Westküste und im Mittelmeere verbreitet, sondern auch bei den Shetland-Inseln und an der W.- und S-Küste von Norwegen. Für diese kann die hohe Sommerordinate der Deutschen Bucht kein Hinderniss sein, und es ist daher wahrscheinlich, dass sie bei fortgesetzter Untersuchung noch aufgefunden werden. Sollte dies nicht der Fall sein, so müssen für sie andere Verbreitungshindernisse bestehen, welche in der Bodenbeschaffenheit, in Strömungen, Mangel an Algenvegetation u. dergl. zu suchen sind. Als solche von unserer gegenwärtigen Betrachtung auszuschliessende Arten sind anzuführen: Stenorhynchus longirostris, Inachus Dorsettensis, I. dorynchus, Eurynome aspera, Portunus puber, P. corrugatus, Atelecyclus septemdentatus, Ebalia tuberosa, Pagurus cuanensis, P. Hyndmanni, P. ferrugineus, Crangon fasciatus, Pandalus brevirostris, Noenia undata, N. caudadentata, Lysianassa Costae, Urothoë marina, Gammaropsis erythrophthalmus, Eusirus longipes, Limnoria lignorum, Phryxus longibranchiatus, Bopyrus u. s. w. Mit Ausnahme von Portunus puber, Stenorhynchus longirostris, Ebalia tuberosa, welche auch an der belgischen Küste vorkommen, haben die meisten übrigen ihren Weg in die Nordsee um Schottland herum genommen.

Nach Abzug dieser in Beziehung auf die vorher aufgestellte climatische Grenzlinie indifferenter Arten, bleiben noch gegen 40 bis 50 Crustaceen von solcher Verbreitung über, dass ihr Fehlen diesseits der Linie von Scarborough bis zum Skagerrak mit der grössten Wahrscheinlichkeit auf Rechnung der hohen Sommertemperatur der Deutschen Bucht gesetzt werden muss. Es sind:

Hippolyte Lilljeborgi,	Arcturus gracilis,	Cheirocratus assimilis,
„ Sowerbaei,	Callisoma crenata,	Ampelisca typica,
Pontophilus spinosus,	Anonyx gulosus,	„ macrocephala,
Pagurus pubescens,	Orchomene (Anon.) serratus,	Haploops tubicola,
„ laevis,	Tryphosa (Anon.) longipes,	Byblis Gaimardi,
Mysidopsis didelphys,	Phoxus plumosus,	Protomedeia fasciata,
Diastylis laevis,	Metopa pollexiana,	Eiscladus longicaudatus,
Leucon Nasica,	Oediceros parvimanus,	„ brevicaudatus,
Lamprops rosea,	Kröyera altamarina,	Cerapus abditus,
Eudorella truncatula,	Odius carinatus,	„ difformis,
„ emarginata,	Epimeria cornigera,	Siphonoecetes crassicornis,
Munna Kröyeri,	Atylus bispinosus,	Unciola planipes,
Cirolana spinipes,	„ gibbosus,	Proto Goodsiri,
Aega monophthalma,	Calliopius Ossiani,	Caprella hystrix.
Arcturus longicornis,	„ bidentatus,	
„ intermedius,	Melita dentata,	

Ganz in Uebereinstimmung hiermit stehen die unmittelbaren Wahrnehmungen während der Pommerania-Expedition. Sobald als nämlich nach der Fahrt durch die Deutsche Bucht wieder kühleres Tiefenwasser erreicht wurde (westl. von Hanstholmen), kamen auch solche Arten wieder zum Vorschein, die zuletzt am Westabhang der Doggerbank gefischt waren, oder von denen wir doch wissen, dass sie daselbst von englischen Forschern angetroffen sind, z. B.

Pagurus pubescens	Westseite der Doggerbank,	dann wieder bei Station	213,	W v. Hanstholm.
„ laevis	Desgl.	„	„	„	„	213,	Desgl.
Hippolyte Lilljeborgi	Desgl.	„	„	„	„	219,	N v. Hanstholm.
Haploops tubicola	Desgl.	„	„	„	„	219,	Desgl.
Anonyx gulosus	Desgl.	„	„	„	„	215,	NW v. Hanstholm.
Tryphosa longipes	Desgl.	„	„	„	„	213,	W v. Hanstholm.
Epimeria cornigera	Desgl.	„	„	„	„	213,	Desgl.
Eiscladus longicaudatus	Desgl.	„	„	„	„	208,	Kl. Fischerbank.
Cerapus difformis	Desgl.	„	„	„	„	208,	Desgl.
Ampelisca typica	Desgl.	„	„	„	„	225,	N v. Hirshals.
Byblis Gaimardi	S. Abbshead	„	„	„	„	227,	N v. Skagen.
Arcturus longicornis	Doggerbank	„	„	„	„	215,	NW v. Hanstholm.

Aehnliche Resultate ergaben die Schleppnetzzüge bezüglich der Mollusken-Echinodermen und Coelenteraten. Wie fehlsam nun auch in Beziehung auf einzelne Arten die vorstehende Auseinandersetzung noch sein mag, diese directen faunistischen Wahrnehmungen in Verbindung mit gleichzeitig angestellten Temperaturbeobachtungen lassen es als zweifellos erscheinen, dass eine climatische Verbreitungsgrenze in der Richtung von SW nach NO innerhalb der Nordsee vorhanden ist. Ihre mittlere Lage geht etwa von Scarborough bis zum südl. Eingang des Skagerraks. Für die südl. Arten wird jenseits derselben die Sommertemperatur in der Tiefe zu niedrig und umgekehrt für die nördlichen Arten diesseits zu hoch. Die relative Armuth der Deutschen Bucht an borealen Formen, sowie der stark ausgeprägte südliche Character ihrer Fauna finden darin ihre natürliche Begründung.

Ueber den polaren Ursprung des kühleren Tiefenwassers jenseits der Linie von Scarborough bis Hanstholmen kann wohl nach den auf der Lightning-, dritten Porcupine- und Pommerania-Fahrt gemachten Beobachtungen kein Zweifel mehr obwalten. Meiner Ansicht nach wird die in den nordatlantischen Ocean auslaufende tiefe scandinavische Rinne, welche in einer Breite von 30 bis 60 Meilen die norwegische Küste bis zum Meridian von Christiania umgiebt, an ihrer Mündung von polaren Unterströmungen tangirt; das einstromende kalte Wasser drängt auf dem Grunde weiter nach Süden und bankt sich in Folge der Richtungsänderung, welche das quer vorliegende jütische Riff vorschreibt, am Eingange zum Skagerrak auf. Sein abkühlender Einfluss ist deshalb hier schon in geringerer Tiefe bemerklich.

Station 215: Oberfläche 12,4° R.,
     10 Faden   7,8,
     20   —   4,0,
     50   —   4,0,
     75   —   3,6,
     93   —   3,6.

Diese einer allmählichen Inundation zu vergleichende Abkühlung der Abhänge des jütischen Riffs vereinigt sich mit den letzten Wirkungen einer ähnlichen Abkühlung, welche das Nordseeplateau nordöstl. von den Shetland-Inseln erleidet (cfr. WYV. THOMSON, The depths of the sea, p. 399) und pflanzt sich, den tieferen Nordsee-Gründen nach West und Südwest folgend und unterstützt durch die in derselben Richtung an Intensität zunehmenden Fluth- und Ebbeströmungen, bis zur Küste von Yorkshire fort. Durch die tiefe scandinavische Rinne ist zugleich der Weg angezeigt, auf welchem noch heute die Küsten von Bohuslän, sowie die tiefen norwegischen Fjorde von Bergen bis Christiania die arktischen Formen ihrer Fauna zugeführt erhalten. Von der Pommerania wurden folgende Crustaceen auf dem Grunde und an den Abhängen der tiefen scandinavischen Rinne angetroffen:

Hippolyte polaris,   Pseudomma roseum,   Tritropis aculeatus,
Bythocaris simplicirostris,   Amblyops abbreviata,   Hela monstrosa,
Pontophilus norvegicus,   Erythrops Goesii,   Haploops setosa,
Sabinea septemcarinata,   ,,   serrata,   Tiron acanthurus,
Thysanopoda norvegica.   Halirages fulvocinctus.   Parathemistho abyssorum.

Die Mehrzahl dieser Arten ist arktischer Abkunft und einzelne von ihnen sind bisher nur aus dem Innern der norwegischen Fjorde bekannt. Wie wünschenswerth es also erscheint, dass diese von den scandinavischen Forschern bisher vernachlässigte Rinne in ihrer ganzen Erstreckung einer eingehenden faunistischen und physikalischen Untersuchung unterzogen werden möge, leuchtet aus dem Angeführten von selbst ein.

Erklärung der Abbildungen.
Crustacea.

Fig. 7. Sergestes Meyeri n. sp. (natürl. Grösse).
   a. Vorderende des Körpers, von oben gesehen.
   b. Vorderrand des Rückenschildes.
   c. Ende des mittleren Schwanzanhanges.
   d. Erster Kieferfuss von der Rückseite.
   e. Palpus des ersten Kieferfusses, von der Seite gesehen, um die Dornen des zweiten Gliedes zu zeigen.

Fig. 8. Dulichia monocantha n. sp.
   a. Erster Fuss.
   b. Zweiter Fuss.

Fig. 9. Byblis crassicornis n. sp. (fünftes Bein.)
   a. Sechstes Bein.
   b. Siebentes Bein.

Fig. 10. Hippolyte Cranchi LEACH, viertes Bein.